U0589455

常州生产性服务业企业
高质量发展研究

任阳军　田泽　左武荣　著

中国纺织出版社有限公司

内 容 提 要

本书实证探究了常州生产性服务业企业高质量发展的真实水平，对生产性服务业企业研究现状及其高质量发展的内涵界定、常州经济高质量发展水平、常州生产性服务业企业高质量发展测度指标体系构建及其测度等作了深入的研究。同时，对常州生产性服务业企业创新能力指标体系构建及其测度、常州生产性服务业企业高质量和创新发展的提升对策进行了分析。

本书可供普通高等院校管理学、经济学相关专业的师生与研究人员阅读参考。

图书在版编目（CIP）数据

常州生产性服务业企业高质量发展研究／任阳军，田泽，左武荣著 . -- 北京：中国纺织出版社有限公司，2022.7

ISBN 978-7-5180-9539-1

Ⅰ.①常… Ⅱ.①任… ②田… ③左… Ⅲ.①地方工业经济—服务经济—工业发展—研究—常州 Ⅳ.①F427.533

中国版本图书馆 CIP 数据核字（2022）第 084664 号

责任编辑：范雨昕　　责任校对：江思飞　　责任印制：王艳丽

中国纺织出版社有限公司出版发行
地址：北京市朝阳区百子湾东里 A407 号楼　邮政编码：100124
销售电话：010—67004422　传真：010—87155801
http://www.c-textilep.com
中国纺织出版社天猫旗舰店
官方微博 http://weibo.com/2119887771
天津千鹤文化传播有限公司印刷　各地新华书店经销
2022 年 7 月第 1 版第 1 次印刷
开本：710×1000　1/16　印张：10.5
字数：140 千字　定价：88.00 元

序

改革开放以来，中国经济的快速发展主要依靠大量的要素投入，这种粗放型的发展模式给中国带来了巨大的经济成果，却导致环境保护、资源节约和经济增长之间的矛盾日趋严重。在此背景下，党的十九大报告提出我国已由高速增长阶段转向高质量发展阶段。在 2017 年的经济工作会议上中央提出，推动高质量发展是当前和今后一个时期明晰发展思路、制定经济政策、实施宏观调控的根本要求和重要目标。提升产业发展质量和效益，推动产业高质量发展是实现我国经济高质量发展的关键，而产业高质量发展是一项复杂性、系统性、长期性的工程。

生产性服务业是与制造业直接相关的配套服务业，是从制造业内部生产服务部门分离而独立发展起来的新兴产业，为保持工业生产过程连续性、促进产业升级、加快工业科技进步、提升生产效率等方面提供重要保障。因此，推动生产性服务业高质量发展也是实现我国产业高质量发展的"新引擎"，生产性服务业企业是推动生产性服务业高质量发展的直接承担者。

本书首先探究常州经济高质量发展的真实情况，具体从创新驱动、区域协调、绿色建设、区域共享、经济开放五大维度进行深入分析，并寻找常州经济高质量发展存在的关键问题。

其次，构建生产性服务业企业高质量发展评价指标体系，对常州生产性服务业企业高质量发展水平进行测算，并进一步分析不同类型生产性服务业企业高质量发展水平的差异以及高端和低端生产性服务业企业高质量发展水平的差异。

再次，构建生产性服务业企业创新能力的评价指标体系，选取常州生产性服务业细分行业企业为研究对象，测算这些公司的创新能力，并进一步归纳这些公司在创新的投入、营销、实施、管理、政策等方面存在的问题。根据研究结论，结合常州经济发展的现实情况，提出促进常州经济高质量发展、生产性服务业企业高质量发展以及生产性服务业企业创新能力提升对策建议。

最后，从生产性服务业集聚视角探究生产性服务业不同集聚模式对绿色经济效率的直接效应以及空间溢出效应，并分析集聚空间效应的区域差异。基于研究结论，提出促进生产性服务业集聚良性发展的对策建议，也为常州生产性服务业集聚的高质量发展提供理论借鉴。

本书对常州经济高质量发展、常州生产性服务业企业高质量发展及创新发展均进行了深入研究，深化和拓展了常州生产性服务业企业高质量发展的理论研究。本书的研究成果对于推动常州生产性服务业企业高质量发展和创新发展都具有重要的理论意义和现实价值。需要指出的是，生产性服务业包含租赁和商务服务业，批发和零售业，科学研究和技术服务业，房地产业，信息传输、计算机服务和软件业，交通运输、仓储及邮电通信业，金融业等众多细分行业之间具有明显的异质性。因此，未来还需要对常州生产性服务业企业高质量发展这一重要课题展开深入研究，从而拓展有关经济高质量发展研究的视野和深度，为常州生产性服务业企业高质量发展乃至全国生产性服务业企业高质量发展提供更多的理论支撑和实践参考。

刘超（河海大学公共管理学院）
2022 年 4 月于常州

前　言

党的十九大报告明确指出，我国经济已由高速增长阶段转向高质量发展阶段，加快推动中国经济发展的质量变革、效率变革及动力变革。经济高质量发展作为我国整体高质量发展的重要组成部分，直接关系到我国高质量发展全局，是适应我国社会主要矛盾变化、全面建成小康社会和全面建设社会主义现代化国家的必然要求。经济高质量发展的提出为我国生产性服务业提供了转型升级的新机遇，推动生产性服务业高质量发展对于提升国家国际竞争力和综合实力具有极其重要的意义。生产性服务业企业在促进经济增长、激发内需潜力、增加社会就业、科技创新与社会和谐稳定等方面具有不可替代的作用，是我国国民经济和社会发展的重要力量，因此推动生产性服务业企业高质量发展是实现经济高质量发展的重要组成部分。创新发展是生产性服务业企业高质量发展的核心动力，是提升综合国力的重要方式，也是建设现代化产业体系的战略支撑。但是，常州生产性服务业企业发展存在创新能力薄弱、动能转化乏力、绿色发展缓慢、共享程度偏低等问题，发展质量亟待进一步提升。为此，有必要对常州生产性服务业企业高质量发展水平进行研究，并从创新视角探究常州生产性服务业企业高质量发展的实现路径，这是关系到新时代常州如何培育经济新动能和新增长点，实现转变发展方式、经济结构优化的重要现实问题。

本书共10章。第1章绪论，包括本书的研究背景、研究意义以及研究内容的提出。第2章生产性服务业企业高质量发展的研究现状，包括对经济高质量发展、生产性服务业企业高质量发展的文献梳理和评述。第3章内涵界定，包括对经济增长、经济增长质量、经济高质量发展、生产性服务业企业的内涵界定。第4章常州经济高质量发展水平分析，包括对常州经济高质量发展总体态势分析以及常州在创新驱动、区域协调、绿色建设、区域共享、经济开放五大维度的现状以及存在的问题。第 5 章常州生产性服务业企业高质量发展评价指标体系构建，包括从 5 个维度构建常州生产性服务业企业高质量发展测度指标体系构建。第 6 章常州生产性服务业企业高质量发展实证分析，包括对常州生产性服务业企业高质量发展水平的测算以及对不同类型生产性服务业企业高质量发展水平差异以及高端和低端生产性服务业企业高质量发展水平差异的进一步分析。第 7 章常州生产性服务业企业创新能力指标体系构建，包括常州生产性服务业企业创新能力评价指标体系的构建及指标权重的测度。第 8 章常州生产性服务业企业创新能力测度研究，包括对常州生产性服务业细分行业企业创新能力的测算以及在创新的投入、营销、实施、管理、政策等方面存在的问题。第 9 章研究结论与政策建议，包括本书研究结论的总结，提升常州经济高质量发展、生产性服务业企业高质量发展以及创新发展水平的政策建议。第 10 章生产性服务业集聚对绿色经济效率的影响研究，包括对绿色经济效率空间相关性的检验，生产性服务业不同集聚模式对绿色经济效率的直接效应和空间溢出效应以及生产性服务业不同集聚模式的空间效应的区域异质性分析。

经济高质量发展的提出为生产性服务业企业提供了转型升级的新机遇，推动生产性服务业企业高质量发展对于提升经济增长质量和国际市场竞争力具有极其重要的意义。同时，创新发展也是常州经济高质量发展的重要组成部分。因此，有必要对常州生产性服务业企业的高质量发展以及创新能力进行系统研究，在新时代下，助力常州实现生产性服务业企业创新能力提升和经济高质量发展。

任阳军

2022 年 4 月于常州

目　录

第1章

绪 论

1.1 研究背景

改革开放以来，中国经济发展取得了一系列举世瞩目的成就，已成为世界第二大经济体和第一大货物贸易国。2020年，我国国内生产总值首次突破100万亿元，较上年增长2.3%。但是，这种以牺牲资源环境为代价的粗放型发展模式在为我国带来巨大经济成就的同时，造成的资源短缺和环境污染问题日益严峻，无法适应未来经济持续健康发展和全面建设社会主义现代化国家的现实需求。党的十九大报告中明确指出，目前我国经济已由高速增长转向高质量发展阶段，要推动经济发展的质量变革、效率变革、动力变革。2020年中央经济工作会议再次强调，以推动高质量发展为主题。因此，经济高质量发展为今后我国经济发展指明了方向、明确了任务，是对我国经济发展阶段变化和现在所处关口做出的重要判断，具有重大现实价值和深远历史意义。

在中国经济转向高质量发展阶段的大背景下，加快发展生产性服务业是向结构调整要动力、促进经济稳定增长的重大举措和必然选择，对推动中国经济高质量发展具有重要意义。党的十九大报告中提出，重点支持传统产业优化升级，加快发展现代服务业。生产性服务业是融合运输业、租赁和商务服务业、金融业、信息服务业等的复合型服务产业，是为保持工业生产过程的连续性、推动工业技术进步、产业升级和优化生产效率提供保障服务的行业。各级政府相继出台竞争性的地方政策和发展规划,通过"退二进三"和"优二进三"等政策助力生产性服务业健康发展。生产性服务业企业具有环境友好、资源节约的绿色企业发展特征,能够激发内需潜力、刺激社会就业和推动经济高质量增长,是促进经济高质量发展的直接承担者,也是实现三大变革的基础。此外,生产性服务业作为与制造业直接相关的配套服务业,贯穿制造业上下游的诸多环节,有助于推动制造业向价值链高端攀升,提高产业、企业乃至区域的核心竞争力。因此,只有实现生产性服务业企业高质量发展,才能实现全行业高质量发展。

事实上,只有高质量的生产性服务业活动才能推动经济高质量发展,低质量的生产性服务业活动反而会造成资源浪费和环境污染。高质量发展即体现"创新、协调、绿色、开放、共享"的新发展理念的发展。经济高质量发展的内涵十分丰富,但是尚未形成明确定义。而经济高质量发展对企业发展有了新的要求,生产性服务业企业发展也必须由高速发展模式转变为高质量发展模式。其中,创新发展是生产性服务业企业实现高质量发展的核心动力,是提升综合国力的重要方式,是建设现代化产业体系的战略支撑。新时代我国生产性服务业企业高质量发展增长动力将逐渐转变为科技创新。企业只有高度重视技术创新并加大研发投入,才能够提高综合生产率和市场竞争优势,从而促使创新成为生产性服务业企业高质量发展的不竭动力。生产性服务业企业作为我国科技创新的重要力量,在知识的产生、流动和商业化应用等方面发挥着不可替代的作用;协调发展是经济高质量发展的基本要求,要不断缩小城乡经济发展和生活水平的差距,优化产业结构,推动区域发展一体化,遏制我国区域发展不均衡不充分的态势;绿色发展是生产性服务业企业高质量发展的重要基础,能够降低经济社会发展对资源和环境的影响程度,推动形成人与自然和谐共生的新局面。同时,高质量发展要求生产性服务业企业在环境保护和节能降耗方面取得较大成效,在产品和服务等方面注重优质,在诚信建设、遵纪守法等方面树立良好形象,实现绿色、健康、可持续发展;对外开放是生产性服务业企业高质量发展的重要引擎,也是实现国力全面提升的必然要求。随着改革开放的持续深化，以往仅利用外资额度、贸易顺差来衡量开放程度的做法显然与实际不符。

新时期生产性服务业企业不仅要持续扩大对外开放，在开放中增进合作，在开放中推动创新，在开放中拓展发展空间，而且要更加注重贸易平衡与外资利用质量，从而充分利用国内外的生产资源，以实现企业生产效率和国际竞争力的同步提升；社会共享是生产性服务业企业高质量发展的根本目标，而推动经济发展、提高社会普惠程度关键在于解决群众最现实的利益问题，因而不断提高生产性服务业企业的社会贡献和员工福利，将成为提高生产性服务业企业共享性水平，推动生产性服务业企业高质量发展的重要举措。在经济发展新时代，社会共享也是社会对生产性服务业企业提出的新要求。生产性服务业企业在发展中应积极承担社会责任，重视社会就业、民生改善、社会服务等，以更好地体现企业社会价值。可以看出，创新是技术革新、企业发展的重要源泉。作为创新的主体，企业的创新能力直接决定一个国家的创新能力。提升生产性服务业企业创新能力已成为建设创新型国家过程中的主要任务。

常州近年来加速破解体制机制障碍，激发市场主体活力，促进产业结构调整优化，经济运行持续向好。从图 1-1 和图 1-2 可以看出，2019 年全年实现地区生产总值 7400.9 亿元，按可比价计算增长 6.8%，增幅位列全省第三。分三次产业看，第一产业实现增加值 164.3 亿元，较 2018 年增长 2.0%；第二产业实现增加值 3616.2 亿元，较 2018 年增长 4.2%；第三产业实现增加值 4024.9 亿元，较 2018 年增长 4.9%。但是，面对中美贸易摩擦和新冠肺炎疫情的冲击，常州仍然面临过度依赖资源要素、发展效率不高、产业创新动力不足等问题。因此，常州要把握好经济高质量发展的根本内涵，并结合自身情况走好符合区域特点的高质量发展之路。

与此同时，常州生产性服务业已经进入快速发展阶段，但是仍然存在技术创新不强、有效供给不足、发展效率不高等问题。事实上，只有高质量的生产性服务活动才能推动经济高质量发展，低质量的生产性服务活动只会导

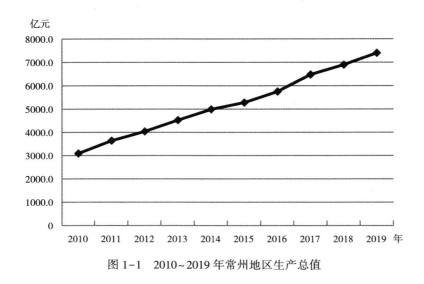

图 1-1　2010~2019 年常州地区生产总值

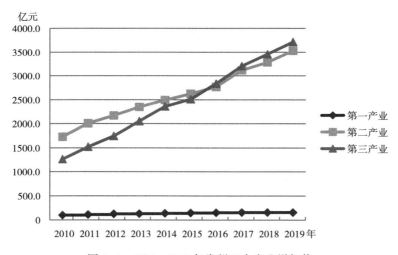

图 1-2　2010~2019 年常州三大产业增加值

致资源的大量消耗和生态环境破坏。与全国相比，常州服务业经济长期保持稳中有进的发展态势，规模效应明显，税收贡献增大。尤其是生产性服务业增长迅速，规模企业数量不断增长，集聚效应日益显著，为常州经济的持续健康发展注入强劲动力。目前，常州生产性服务业企业研发投入相对缺乏，科技成果转化率低，创新政策环境需要进一步改善。常州生产性服务业企业如何借助自身优势提高经济效益和创新能力，已成为政府与企业共同面对的问题。

当前，常州经济高质量发展的现状如何？常州生产性服务业企业高质量发展水平如何？如何开展评价？未来发展短板在哪？未来常州生产性服务业企业高质量发展的着力点在何处？常州生产性服务业企业创新能力水平如何？如何开展评价？以上是实现生产性服务业企业高质量发展亟待解决的重要现实问题。为此，本书在明确经济高质量发展和生产性服务业企业高质量发展内涵的基础上，构建可量化和可操作性的常州生产性服务业企业高质量发展评价指标体系，实证分析常州生产性服务业企业高质量发展水平及存在的问题，并实证探究常州生产性服务业创新水平，进而提出促进常州经济高质量发展、生产性服务业企业高质量发展以及创新发展的具体措施，以期推动常州生产性服务业由规模扩张的外延式发展向质量提升的内涵式发展转型，进而有力支撑常州的经济高质量发展。

1.2 研究意义

1.2.1 理论意义

（1）在系统阐释经济高质量发展内涵的基础上，基于五大发展理念梳理影响经济高质量发展的多方面因素，从新的视角丰富对经济高质量发展的理解。另外，本书针对常州经济高质量发展分析总体态势及其在创新驱动、区域协调、绿色建设、区域共享、经济开放五大维度的表现和存在的问题，深化和拓展常州经济高质量发展的理论研究。

（2）理清生产性服务业企业高质量发展的内涵，构建常州生产性服务业企业高质量发展的指标体系和测度模型，并对常州生产性服务业企业高质量发展水平进行测算，从新的视角丰富对经济发展质量的理解，并深化和拓展生产性服务业企业高质量发展的理论研究。

（3）构建常州生产性服务业企业创新能力的指标体系，在剖析常州生产性服务业企业创新发展中存在问题的基础上，探索出常州生产性服务业企业创新能力提升的实现路径，拓展有关企业创新能力研究的视野和深度。

1.2.2 现实意义

（1）无论对推动常州市经济全面转型升级等经济工作实施和经济政策落实，还是丰富高质量发展对策和为其他地区高质量发展提供常州智慧和常州力量，都具有十分重要的实践价值和战略意义。

（2）揭示常州生产性服务业企业高质量发展的真实水平，并探讨常州不同类型生产性服务业企业高质量发展的差异以及不同层级生产性服务业企业高质量发展的差异，可为政府部门制定和完善政策体系来实现常州生产性服务业企业高质量发展提供决策参考。

（3）基于常州生产性服务业企业的发展现实情况，针对性地提出常州生产性服务业企业创新发展的实现路径，以期推动常州生产性服务业行业由数量扩张向质量提升转型，为常州经济高质量发展提供支撑。

1.3 本书结构

首先，分析常州经济高质量发展现状；其次，构建生产性服务业企业高质量发展的测度指标体系，在此基础上对生产性服务业企业高质量发展测度指标体系进行赋权，分析不同类型生产性服务业企业高质量发展水平的差异以及高端和低端生产性服务业企业之间的差异；再次，构建生产性服务业企业高质量发展的指标体系，并对常州生产性服务业企业创新能力进行测度研究；从次，根据研究结论，提出推动常州经济高质量发展、生产性服务业企业高质量发展以及创新发展的政策建议；最后，实证检验生产性服务业集聚对绿色经济效率的影响机制。

第 1 章绪论。介绍研究背景和意义，提出本书的研究思路和内容。

第 2 章生产性服务业企业高质量发展的研究现状。对经济高质量发展、生产性服务业发展质量的文献进行梳理和评述，总结现有研究的不足。

第 3 章内涵界定。基于高质量发展是以有效率和可持续等方式满足美好生活需要，在总结经济增长、经济增长质量内涵的基础上，从创新驱动、协调发展、绿色发展、对外开放、社会共享五个维度分析经济高质量发展的内涵，并从创新、效益、生态、开放、共享等方面阐释生产性服务业企业高质量发展的内涵。

第 4 章常州经济高质量发展水平分析。分析常州经济高质量发展总体态势，以及常州在创新驱动、区域协调、绿色建设、区域共享、经济开放五大维度的现状，并探究常州经济高质量发展存在的问题。

第 5 章常州生产性服务业企业高质量发展测度指标体系构建。现有文献多用全要素生产率指标衡量生产性服务业效率，但生产性服务业效率增长不等同于生产性服务业企业高质量发展水平。结合专家访谈的结论，从创新驱动、效益提升、绿色发展、对外开放、社会共享五个维度构建常州生产性服务业企业高质量发展测度指标体系。

第 6 章常州生产性服务业企业高质量发展实证分析。本章在总结现有评价方法优缺点的基础上构建 AHP-熵权组合赋权法，测算常州生产性服务业企业高质量发展水平，并进一步分析常州不同类型生产性服务业企业高质量发展水平的差异，以及常州高端和低端生产性服务业企业高质量发展水平的差异。

第 7 章常州生产性服务业企业创新能力指标体系构建。构建生产性服务业企业创新能力的测度指标体系，并通过问卷调查和专家访谈等方式对常州生产性服务业企业进行打分，然后采用层次分析法测度指标体系权重。

第 8 章常州生产性服务业企业创新能力测度研究。选取常州生产性服务业细分行业企业为研究对象，测算这些公司的创新能力，并进一步归纳这些公司在创新的投入、营销、实施、管理、政策等方面存在的问题。

第9章研究结论与政策建议。根据研究结论，结合常州经济发展现状，提出针对性的、可操作性的促进常州经济高质量发展、生产性服务业企业高质量发展以及创新发展的对策建议。

第10章生产性服务业集聚对绿色经济效率的影响研究。在测度中国省域生产性服务业集聚水平和绿色经济效率水平的基础上，利用空间面板杜宾模型实证分析生产性服务业不同集聚模式对绿色经济效率的直接效应以及空间溢出效应，并分析集聚空间效应的区域异质性。基于研究结论，提出促进生产性服务业集聚良性发展的对策建议。

第2章

生产性服务业企业高质量发展的研究现状

2.1 经济高质量发展研究

早期学者对经济增长的探讨研究普遍侧重经济增长的"量",如国内生产总值、国民收入等。随着经济增长质量问题的凸显,在我国经济增长的减缓期和转型发展时期,经济增长数量不再是政府工作的核心任务,更多的学者将关注点聚焦于经济增长质量和效率,其中一些学者认为经济增长效率即反映经济增长质量,如全要素生产率、增加值率、绿色全要素生产率等,但是忽视了经济的稳定发展。

自党的十九大报告中明确指出我国经济已转向高质量发展阶段的重要论述后,学术界围绕经济高质量发展进行了深入研究,研究重点集中在经济高质量发展的内涵、测度、影响因素及实现路径等方面。

(1) 经济高质量发展内涵研究。学者从多个视角来定义经济高质量发展内涵,但是尚未形成统一明确的定义。其中,一种主流观点认为经济高质量发展就是为了满足人民日益增长的美好生活需要为目标的高效、公平和绿色可持续的发展。

(2) 经济高质量发展测度指标研究。部分学者认为采用单一指标,如全要素生产率或绿色全要素生产率能够代表经济高质量发展。但是马茹等认为经济高质量发展具有多维性特征，需要构建指标体系进行测度。按照指标体系构建的思路可以分为三类：第一类是基于"五大发展理念"，第二类是基于经济增长质量，第三类是基于高质量发展内涵。

（3）经济高质量发展影响因素研究。既有研究多从单一视角分析对外投资、制度环境、技术创新、财政分权、投资水平等因素对经济高质量发展的影响。

（4）经济高质量发展实现路径研究。现有文献认为效率变革、产业集聚、制度环境、技术进步等均有助于推动经济高质量发展。综合来看，现有研究主要集中在经济高质量发展的内涵、指标体系研究，对影响因素与实现路径的研究仍处于起步阶段，且鲜有针对企业高质量发展的研究。

在高质量发展研究的初期，学者主要将研究重点集中在定性分析描述方面，主要包括阐释内涵特点、解读内在机理、剖析实现路径等。部分学者陆续开展经济高质量发展的定量研究，主要根据经济高质量发展的内涵以及相关理论基础，构建经济高质量发展的测度指标体系。但是，这些测度指标体系的构建尚未形成统一明确的标准。如魏敏等从经济结构优化等10个方面构建新时代经济高质量发展水平测度体系，并利用熵权TOPSIS法测度省域经济高质量发展的综合水平；马茹等从高质量供给、高质量需求、发展效率、经济运行和对外开放五个维度选取经济高质量发展的衡量指标，从而分析全国经济高质量发展水平的总体态势；刘亚雪等从创新、协调、绿色、开放、共享、稳定六个维度构建高质量发展评价指标体系，并测算全球99个国家的高质量发展状况。

还有学者基于"创新、协调、绿色、开放、共享"五个单独视角对经济高质量发展开展相应的研究，具体如下。

创新驱动发展方面，辜胜阻等认为创新驱动和核心技术突破是高质量发展的基石，但是目前仍然存在创新能力欠缺、核心技术受制于人等问题，而这些问题可以通过深入推进创新驱动战略、科技体制改革、构建科学财税体系、健全科技金融体系、优化创新生态体系等方式来解决。吴婷等探究人才的资源匹配对高质量发展的影响，发现 R&D 人才能够显著促进经济的增长，但是仍然存在人才资源匹配扭曲、区域间人才资源匹配不均衡等状况，因此引进培育人才更需要优化市场等外部环境、匹配人才与各项资源以及协调区域间人才配置。华坚等通过分析我国 30 个省份科技创新与经济高质量发展的耦合协调程度，发现我国已经初步实现区域科技创新与经济高质量发展的良好协调发展，但各地区之间仍然存在一定的差距，并且尚未实现优质协调发展。

区域协调发展方面，程必定通过梳理我国省域空间结构三次转型以及对区域经济布局的演变趋势研判，提出形成省域间优势互补的区域经济布局将有助于高质量发展等论断。黄文等通过建立 DID 模型分析区域一体化战略对城市经济高质量的影响，研究发现一体化有利于低集聚度和高集聚度地区城市的高质量发展。黄庆华等利用面板数据模型对长江经济带 107 个城市产业集聚与经济高质量发展的关系进行实证研究，结果表明产业集聚不仅推动经济增长还有助于增强环境保护，而促进经济高质量发展就要加强各区域一体化发展。李强和朱宝清认为高质量、有效性的投资有助于经济高质量发展，而高耗能、高污染的投资应该弱化。涂正革等从 TFP 和产业结构升级视角探讨了偏向性技术进步对经济高质量发展的意义。

绿色可持续发展方面，陈诗一等基于中国 286 个城市 10 年的雾霾数据，利用劳动生产率测算经济发展质量，研究发现雾霾污染随时间推移对经济发展质量影响越严重，且与小城市相比，大中城市经济发展质量更易受雾霾污染影响，但政府环境治理能够有效推动高质量发展。左其亭围绕黄河流域生态保护和高质量发展从五个方面提出战略实施理论基础，并从七个方面提出战略实施亟待解决的问题以及战略实施需要开展的研究。王育宝等提出要明确经济高质量发展的内涵，加快构建生态环境保护与经济高质量发展协调耦合的理论机制和评价指标体系。

开放经济发展方面，汪丽娟等对双向 FDI 技术溢出机理进行研究，结果表明双向 FDI 溢出、经济水平、开放程度和研发投入的共同提升均有利于经济高质量发展。吴传清等通过实证研究发现，经济高质量发展、科技创新与对外开放之间存在显著的空间异质性，构建高质量对外开放与科技创新之间的良性互动机制，有利于推动长江经济带的高质量发展。裴长洪和刘洪愧提出中国外贸高质量发展的主要目标：保持合理的贸易顺差、2035 年服务贸易占世界总量的 15% 以上、成为全球数字贸易领先国家等。于法稳等深刻阐释乡村旅游高质量发展理论内涵，从六个方面辨析实现乡村旅游高质量发展的关键问题，并提出相关政策建议。

共享协作发展方面，王惠君等在梳理"十二五""十三五"期间公共图书馆事业发展状况的基础上，提出未来公共图书馆事业面临的机遇与挑战以及未来公共图书馆高质量发展的实践路径。孙文树对城市体育发展过程中的问题进行深入分析，在此基础上从体教融合、全民健身、文化与特色资源、体育旅游与消费四个方面评价城市体育高质量发展，并提出相应的实现路径。

2.2 生产性服务业企业高质量发展研究

自高质量发展战略提出以来，学术界充分认识到生产性服务业企业高质量发展的重要性。但是，经济学领域多从经济发展的速度、效率、均衡等方面对发展质量问题开展研究。本章以生产性服务业企业和质量、速度、效率、均衡等关键词搜索国内外文献发现，学者较少以生产性服务业企业发展质量为研究对象，仍然沿用经济学传统研究质量问题的方式，多以效率为切入点进行分析，且只关注宏观层面的生产性服务行业，缺乏对微观层面的生产性服务业企业的研究。关于生产性服务业企业效率的研究主要集中在以下三个方面。

（1）生产性服务业效率测度研究。多采用数据包络分析（DEA）法、随机前沿分析（SFA）法或 Malmqusit 指数法测度技术效率或全要素生产率，用以衡量生产性服务业效率。还有学者对金融业、物流业、房地产业等生产性服务业细分行业开展效率测度研究。

（2）生产性服务业效率时空格局研究。现有文献以省域为尺度分析生产性服务业效率的收敛性、地区差异性和行业异质性。

（3）生产性服务业效率影响因素研究。既有研究多从单一视角分析制造业效率、要素市场扭曲、产业集聚、制造业需求等因素对生产性服务业效率的影响。

综合来看，现有文献主要围绕"生产性服务业效率"主题取得了较多成果，但缺乏对生产性服务业企业高质量发展的重视和关注。事实上，技术效率或全要素生产率等指标仅反映了技术进步和资源配置改善的绩效，用于衡量生产性服务业企业高质量发展缺乏全局性和科学性。金碚认为高质量发展本质特征具有多维性和丰富性。因此，有必要构建生产性服务业企业高质量发展测度指标体系，以更加全面、客观地了解我国生产性服务业企业的真实发展状态，从而切实有效地服务于推进生产性服务业企业高质量发展。

2.3　文献述评

现有研究成果为本书开展研究提供了有益借鉴，但也存在一些不足之处：一是当前大量研究着眼于中国经济高质量发展的定性研究，虽然能够为经济高质量发展的系统研究提供诸多启示，但是鲜有针对某一特定地区经济高质量发展水平进行探究；二是以往文献主要侧重生产性服务业效率等问题研究，缺乏对生产性服务业企业高质量发展内涵做出清晰界定，尚未构建理论指标体系来衡量生产性服务业企业高质量发展水平，这不利于采取针对性措施来促进生产性服务业企业高质量发展；三是既有研究缺乏从创新视角来探究生产性服务业企业高质量发展的实现对策。创新是生产性服务业企业高质量发展的核心动力，有必要发挥好科技创新在生产性服务业企业高质量发展中的关键作用。

　　基于此，本书拟深入思考以下问题：一是常州市经济高质量发展总体水平如何？在创新驱动、区域协调、绿色建设、区域共享、经济开放方面存在哪些问题？二是如何构建具有较高信度和效度的生产性服务业企业高质量发展指标体系？三是采用什么测度方法计算常州生产性服务业企业高质量发展指数，才能保证测度结果的客观性和可比性？四是常州生产性服务业企业创新能力如何？五是促进常州经济高质量发展、生产性服务业企业高质量发展以及创新发展的有效政策建议是什么？

第3章

内涵界定

3.1 经济高质量发展的内涵界定

准确把握内涵是科学研究的起点和基础。中国今后的发展思路、制定经济政策的核心要求是推动经济的高质量发展，而经济的高质量发展源自经济发展质量，经济发展质量又是建立在经济增长这一经济学理论成熟概念的基础上。因此，有必要辨析这些词义的基本概念，从中挖掘经济高质量发展的内涵，对于增强本书研究的深度和思考的开阔度，都具有十分重要的理论和现实意义。

（1）经济增长。经济增长是指产出的增加，不仅包括投资扩大所引起的产出增加，而且包括生产效率优化所带来的单位投入的产出增加。经济增长是动态的和长期的，短期的外生变量导致经济的兴衰，无法反映经济增长的实质。此外，联合国前秘书长吴丹在制定第二个十年国际发展战略时，将经济发展定义为经济增长和社会变革的结合。因此，可以从三个层次定义经济增长：宏观层面是指经济运行稳定，供需协调，收入分配制度、社会保障体系、宏观调控体系不断完善；中观层面是指通过优化结构、提高效益和降低能耗实现协调发展；微观层面是指提高生产技术水平以摒弃高投入、高消耗的粗放型发展，而选择节约、环保的集约式发展。

（2）经济增长质量。经济增长不仅着眼于扩大经济增长的规模，而且注重提高经济活动的质量。而经济增长质量的提出更多强调经济增长中相互联系但又各自侧重的两个方面，即质和量。经济增长质量相较于经济增长数量更强调提高产品质量，改善产品结构以尽可能满足社会需求，并增加使用资源的规模和效率。从以下三个维度界定经济增长质量：一是投入产出维度，单位产出的各种资源消耗的变化；二是微观维度，向社会提供最终产品或服务的质量；三是可持续发展维度，考虑各种社会因素和自然因素成本的产出率的变化。因此，经济增长质量的内涵不仅是多维度的，而且是动态的。横向视角下，经济增长质量被理解为一个国家或地区在一定时期内国民经济发展的优劣；纵向视角下，经济增长质量包括宏观、中观、微观经济发展质量，其中宏观经济发展质量表现为充分就业和价格实现稳定，经济增长和国际收支平衡；中观经济发展质量表现为工业、城乡、区域和国际经济的协调发展；微观经济增长质量表现为产品质量、市场效率、公司制度和发展速度提高。

（3）经济高质量发展。经济高质量发展的本质是一种新的发展理念、发展方式和发展战略，是国民经济系统从量到质的本质性改变，更是经济发展理论的伟大创新。从宏观经济层面看，经济高质量发展是基于国民经济总量扩大的供给需求、短期与长期、政府与市场并重的发展；从中观经济层面看，经济高质量发展是社会经济运行、经济结构、投入产出、社会福利更协调、更均衡的发展；从微观经济层面看，经济高质量发展是产品、市场、企业和创新进阶到更高水平的发展；从发展经济层面看，经济高质量发展是各类要素共同影响经济增长和发展，而要素效率的优化组合和提升有助于经济可持续发展。

从新发展理念看，"创新、协调、绿色、开放、共享"体现出发展思路、发展方向、发展着力点，而新发展理念的核心是高质量发展。其中，创新是经济高质量发展的第一动力，激发科技创新对经济社会发展的支撑和贡献。协调是经济高质量发展的内生特点，能够协调与平衡物质文明和精神文明之间、经济社会之间、区域之间、城乡之间的发展速率和矛盾。绿色是经济高质量发展的普遍形态，解决资源约束趋紧、生态环境恶化等问题，实现人民对优质生态环境的迫切需求。开放是经济高质量发展的必由之路，能够推动多边主义进程，形成全面开放的发展新格局，提升国际经济话语权和解决国际争端的综合能力。第五，共享是经济高质量发展的根本目的，缩小收入差距、资源供给差距、城乡公共服务水平差距，实现共同富裕。

综上所述，经济高质量发展的基本内涵包括：第一，经济高质量发展是更加全面和系统的发展。这不仅包括提高经济总量和物质财富数量，而且包括社会、经济、政治、文化、生态等全方位的提升，还包括经济社会环境的协调、平衡、充分发展。第二，经济高质量发展是更高水平、更高层次和更高形态的发展。产品、服务、市场、企业制度和创新驱动进阶至更高水平，产业结构、投资消费结构、区域结构达到更高层次的均衡，国民经济更加优化、运行更加稳定，经济新形态形成并日趋完善。第三，将经济高质量发展扩展至社会层面，是更有安全感、收益感和幸福感的发展。为居民带来更高水平的产品和服务、资源利用和社会福利，实现人民对美好生活的向往的共享发展。第四，经济高质量发展是协同的、动态的、长远的发展。注重问题与结构、供给与需求、质量与效益、速度与规模等的协调发展，注重经济增长结构平衡、增长速度稳定，注重伴随经济发展阶段的经济发展思想与战略、政策的成长，注重发展的长期持续推进与探索。

根据经济高质量发展的基本内涵，经济高质量发展具有以下特征。

（1）高效性。经济高质量发展是效率更高、活力更强的发展。投入产出率高，一方面是既定要素投入实现产出递增，另一方面是既定产出实现投入要素更少、环境代价更小，即注重集约式发展的发展。其内在逻辑是从要素投入数量增加导致产出增长转变为要素组合优化和要素投入效率提升，从注重数量到重视效率的生产方式转变，再在效率的基础上注重质量提高，从而实现经济增长的有效性和持续性。

（2）协调性。经济高质量发展注重问题与结构、供给与需求、质量与效益、速度与规模等协调发展。社会再生产的前提是国民经济系统框架下各部门及各部门内部的要素配合和数量比例协调。而国民经济是由各行各业构成的各个经济部门的总和，因而经济结构优化升级、区域间发展差距缩小等都能促进社会经济高效发展，也就意味着经济的协调发展。经济系统内部结构不断优化，主要体现为"增量扩能"转向"调整存量、做优增量"的结构优化升级，实现经济系统结构的不断协调。

（3）稳定性。经济高质量发展的基本特征是经济运行平稳、生产要素有效配置并保持中高速稳定增长。而经济平稳运行的重要标志是经济波动幅度，经济波动浮动率越高，表明经济发展的稳定性越差。从长远来看，合理的宏观政策和稳定的金融环境对中国经济增速保持稳定增长十分重要。因此，在当前中国经济增长率由高速转变为中高速的状态下，经济发展更应着力于增速稳、就业稳、物价稳、金融稳等"多稳"的高质量发展。

（4）创新性。经济高质量发展是以创新引领发展，通过创新驱动进阶到更高水平的发展。新时期，中国经济发展要以创新驱动为主，要由要素驱动、投资驱动转变为创新驱动，实现经济发展动力的转变。在过去，我国依靠要素资源投入实现经济增长，现有物质资源供给不足已经成为经济发展的瓶颈，要把科技创新作为提高社会生产力和综合国力的重要基础。

（5）持续性。经济高质量发展是实现以较少的资源消耗和较低的污染排放的可持续的发展。因此，高效的资源利用和更少的环境代价是经济高质量发展的重要特征。这表明国民经济在完成经济增长任务的同时既注重科学技术和要素优化配置提高资源利用率，又重视经济活动的绿色化、生态化，这样才能保证生态系统在新的经济发展状态中实现更高层次的和谐，这样才能使整个经济发展更加高效和可持续。

3.2 生产性服务业企业高质量发展的内涵界定

准确界定生产性服务业企业高质量发展的内涵，是科学构建常州生产性服务业企业高质量发展测度指标体系的关键。高质量发展，是能够很好满足人民日益增长的美好生活需要的发展，是能够体现"创新、协调、绿色、开放、共享"的新发展理念的发展。高质量发展包含宏观和微观两个层面，宏观层面表现为经济高质量发展，微观层面表现为企业高质量发展。其中，经济高质量发展的内涵十分丰富，包含了收入分配、经济循环以及资源共享等多方面的内容，但是目前没有形成明确的定义。而经济高质量发展给企业的发展带来了新的要求，生产性服务业企业发展也必须由高速发展转变为高质量发展。但是，学术界缺乏对生产性服务业企业高质量发展的内涵研究，且尚未形成统一的概念。本章将生产性服务业企业作为微观层面具体的企业，并基于新发展理念，认为生产性服务业企业高质量发展不仅包括创新发展、效率提升等因素，而且涵盖生态、开放、民生等方面，是更高水平上的可持续发展。

（1）创新性。生产性服务业企业高质量发展是具有创新性的发展。创新是生产性服务业企业实现高质量发展的重要内容和发展前提，是提升综合国力的重要方式，是建设现代化产业体系的战略支撑。新时代我国生产性服务业企业高质量发展增长动力将逐渐转变为科技创新。企业只有高度重视技术创新并加大研发投入，才能够提高生产率和竞争优势，从而促使创新成为生产性服务业企业高质量发展的不竭动力。生产性服务业企业作为我国科技创新的重要力量，在知识的产生、流动和商业化应用等方面发挥不可替代的作用，因而将生产性服务业企业创新驱动目标引入评价体系是必然要求。

（2）效益性。生产性服务业企业高质量发展是以高效益为基准目标的发展。生产性服务业企业高质量发展的重要任务既包括发展质量，又包括发展效益，避免仅注重规模扩大而忽视经营管理效率的提升。从企业经济效益增长质量来看，要求企业的盈利、偿债等均保持良好的状态；从企业生产效益来看，要求用最小的要素投入获取最大的经济产出，实现资本、劳动、技术等要素产出效率的提升。

（3）生态性。生产性服务业企业高质量发展是绿色的发展。绿色发展水平，一方面反映出生产性服务业企业在生产活动中投入产出对环境的影响程度，另一方面代表了生产性服务业企业自身的环境保护意识和绿色发展情况。

因此，高质量发展要求生产性服务业企业在发展过程中应充分体现绿色发展理念，正确处理经济增长与生态环境保护的关系，绝不能以牺牲自然生态环境为代价来换取短期的收益。同时，高质量发展要求生产性服务业企业在环境保护和节能降耗方面取得较大成效，在产品以及服务等方面注重优质，在诚信建设、遵纪守法等方面树立良好形象，实现绿色、健康、可持续发展。

（4）开放性。生产性服务业企业高质量发展是坚持更高层次和更高水平对外开放的发展。对外开放是推动生产性服务业企业高质量发展的重要动力。随着我国改革开放的不断深化，以往仅用外资利用额度、贸易顺差来衡量开放程度做法显然不符合实际情况。新时期生产性服务业企业不仅要持续扩大对外开放，在开放中增进合作，在开放中推动创新，在开放中拓展发展空间，而且要更加注重贸易平衡与外资利用质量，从而充分利用国内外的生产资源，以实现企业生产效率和国际竞争力的同步提升。

（5）共享性。生产性服务业企业高质量发展应是以共享为根本目标的发展。推动生产性服务业企业高质量发展、提高普惠程度重点在于解决从业者和社会最关心的利益问题，因而不断提高生产性服务业企业的社会贡献和员工福利，将成为提高生产性服务业企业共享性水平，推动生产性服务业企业高质量发展的重要举措。在经济发展新时代，社会共享也是社会对生产性服务业企业提出的新要求。生产性服务业企业在发展中应积极承担社会责任，重视社会就业、民生改善、社会服务等，以更好地体现企业社会价值。

3.3 本章小结

本章在分析经济增长、经济增长质量等内涵的基础上，明晰经济高质量发展以及生产性服务业企业高质量发展的内涵。研究表明，经济高质量发展的基本内涵包括：第一，经济高质量发展是更加全面和系统的发展。第二，经济高质量发展是更高水平、更高层次和更高形态的发展。第三，经济高质量发展扩展到社会层面是更有安全感、获得感、幸福感的发展。第四，经济高质量发展是协同性、动态性、长远性的发展。根据经济高质量发展的基本内涵，经济高质量发展具有以下特征：高效性、协调性、稳定性、创新性、持续性。而生产性服务业企业高质量发展不仅包括创新发展、效率提升等因素，而且涵盖生态、开放、民生等方面，是更高水平上的可持续发展，即创新性、效益性、生态性、开放性、共享性。

第4章

常州经济高质量发展水平分析

中国自改革开放以来经济发展取得了巨大成就，但是，这种经济增长是长期采取以牺牲资源环境为代价的粗放型发展模式所换来的，这种模式在提升我国经济总量的同时，造成了严重的资源和环境问题。党的十九大报告中已经明确我国经济已经进入了高质量发展阶段，要加快推动中国经济发展的质量变革、效率变革、动力变革。因此，面对全球经济下行压力，中国已将经济发展重心从数量增长转移到质量提升，这是对我国经济发展阶段变化和现在所处关口做出的重要判断。

常州近年来不断破解体制机制障碍，激发市场主体活力，推动产业结构调整优化，经济运行持续向好。2019年全年实现地区生产总值7805.3亿元，按可比价计算增长4.5%，增幅位列全省第三。但是，面对严峻复杂的国内外环境，常州仍然面临过度依赖资源要素、发展效率不高、产业创新动力不足、产业结构转型升级缓慢等问题。因此，常州要把握好经济高质量发展的根本内涵，并结合自身情况走好符合区域特点的高质量发展之路。那么，什么是高质量发展？如何推动高质量发展？常州经济高质量发展的现状如何？解决这些问题，无论是对推动常州市经济工作实施和经济政策落实，还是为其他地区经济发展提供常州智慧和常州力量，都具有十分重要的意义。因此，本章系统分析高质量发展的基本内涵，探究常州经济高质量发展的现实情况，以及常州经济发展中需要解决的重点和难点问题，并提出促进常州经济高质量发展的对策建议。

4.1 创新发展水平分析

近年来，常州市创新发展水平不断提升，科技实力显著增强。2018 年发布的长三角城市群科技创新驱动力城市排名报告显示，常州综合得分排名第八。创新投入逐年提高，并且 R&D 经费支出占总产值比重越来越大。但是，新时期创新动能作为引领经济高质量发展的核心动能，常州当前创新实力仍难以满足高质量发展的新要求。对比发现，常州创新发展水平不仅落后于上海、南京、杭州、合肥等省会城市或直辖市，甚至落后于苏州、无锡、宁波等地级市。造成阻碍常州创新发展的主要因素如下。

4.1.1 创新能力

专利申请量和专利授权量可在一定程度上反映常州的创新能力情况，根据图 4-1 可以看出，2010~2019 年常州的专利申请量存在较大波动，除 2012

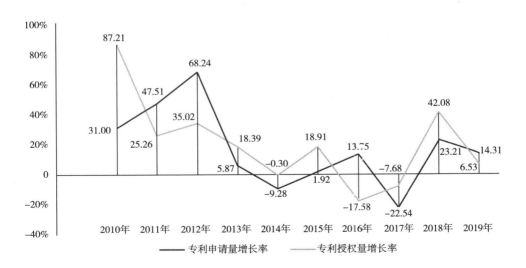

图 4-1　2010~2019 年常州专利申请量和授权量增长率

年环比增长达到 68.24%，2014 年、2017 年出现了明显的负增长，分别下降了 9.28% 和 22.54%。2010 年专利授权量增长率最高，达到 87.21%，2016 年和 2017 年都出现了较严重的负增长，分别下降 17.58% 和 22.54%。

4.1.2 创新人才

首先，近几年常州科研人员数量出现下降的趋势，由 2017 年的 2598 人降至 2019 年的 2109 人，下降了 18.82%。其次，常州各行业领军人才缺口较大，尤其是缺乏熟工巧匠，传统技工人数占比依然较大，难以满足创新驱动发展时期对高级技工、复合型技工、现代型技工等熟练技工人数的需求。最后，与上海、南京、苏州、无锡等城市相比，常州对科技型人才的吸引力较弱，在短期内无法迅速提高科技人才比例。

4.1.3 创新品牌

目前常州品牌数量较多，截至 2019 年，常州共有 113 个驰名商标，但是缺乏在全国乃至世界形成一定影响力的知名品牌。同时，常州没有形成具有较大影响力的品牌集群，且根据《江苏省区域商标品牌发展指数报告（2018）》显示，常州的品牌发展潜力指数仅位于全省第十位。

4.2 协调发展水平分析

从产业结构、城镇化两个维度探究常州经济的协调发展状况。

4.2.1 产业结构

从产业结构来看，2020 年常州第一、二、三产业增加值分别增长 2.0%、4.2%、4.9%，对 GDP 增长的贡献率分别为 2.1%、46.3% 和 51.6%。与 2013 年相比，常州第一、二产业占比分别由 2.9%、51.8% 下降至 2.1%、46.3%，第三产业占比由 45.3% 增长至 51.6%。2019 年常州七大行业中，各行业产值增速出现"五升二降"的局面，其中生物医药、冶金、机械、电子、建材行业产值分别增长 22.7%、11.7%、9.1%、2.7%、1.7%，纺织服装、化工行业分别下降 4.3%、2.0%，其中常州纺织服装行业产值的下降幅度最大，出现了严重的倒退现象。通过计算常州 2013~2019 年产业结构的泰尔指数，结果均维持在 0.06 左右，并伴随小幅波动，表明常州的产业结构基本保持稳定且较均衡。但是常州经济产值的 98.6% 是由传统支柱产业贡献的，这说明常州产业经济需要改变传统产业驱动经济增长的模式，实现转型升级的目标。同时，常州第三产业产值占第二产业产值的比重在不断增加，这反映常州经济结构越来越倾向服务化，也能够反映出产业结构在不断升级。但是从增速来看，服务业产值增速逐渐放缓，仍有较大的提升空间。

常州是全国重要的纺织服装生产和出口基地，并将纺织服装产业作为常州市七大行业之一，也是传统优势产业。2019 年常州对外贸易中进出口总额达到 338.35 亿美元，其中出口额达到 252.41 亿美元，较 2015 年增长 18.74%，进口额达到 85.94 亿美元，较 2015 年增长 26.61%。纺织服装在江苏出口规模中一直稳居前两名，2019 年纺织服装进出口总额达到 38.47 亿美元，占到全市进出口总额的 11.37%，表明常州纺织服装产业对于常州对外经济做出了较大贡献。此外，在 2019 年常州出口额前 10 名的单位中有两家纺织服装企业，分别是晨风（江苏）服装有限公司和常州华利达服装集团有限公司。

4.2.2　城镇化发展

从城镇化发展来看，近三年常州城镇人口占总人口的比重均维持在 90% 以上。城镇人口数量占比在一定程度上反映了城镇化发展水平，而城镇化率与经济增长存在密切相关的促进关系。根据已有研究，城镇化仍然是促进经济发展的强大动力，推进城镇化进程有利于保持经济平稳较快发展。新型城镇化要求城乡互补、协调发展、城乡一体发展，但是常州目前还存在人口城镇化与土地城镇化不同步、城镇体系不合理、生态环境恶化、城乡二元结构矛盾突出等诸多问题。

4.3 绿色发展水平分析

从能源消耗、环境污染、绿化建设三个方面来分析常州经济的绿色发展水平。

4.3.1 能源消耗

常州 90% 以上的煤炭、原油、天然气等一次能源均依赖省外的调入。随着公用事业的不断发展，用电量大幅增长，根据表 4-1 和图 4-2 可以看出，2019 年工业用电量 400.2 亿千瓦时，较上年增长了 7.28 个百分点，规模以上工业企业生产综合能源消费量达到 1855.55 万吨，较 2018 年增长 4.74 个百分点，两者在个别年份上有所波动，说明常州总体能源消耗仍在不断增长。但是，近 10 年常州的单位 GDP 用电和单位 GDP 能耗呈现下降的趋势，分别年均下降 4.89 个百分点和 7.24 个百分点。这表明常州在经济发展过程中对能源资源的利用效率不断提升，未来仍然需要突破自然资源禀赋的限制，大力推进供给侧结构性改革，实现产业结构转型升级，提高绿色发展水平。

表 4-1　2010~2019 年常州主要能源消耗情况

年份	工业用电量 （万千瓦时）	单位 GDP 用电 （万千瓦时/万元）	规模以上工业企业 生产综合能源消费量 （万吨）	单位 GDP 能耗 （吨/万元）
2010	2318200	0.0848	1346.97	0.4927
2011	2672100	0.0824	1475.74	0.4549
2012	2778800	0.0767	1544.75	0.4264

续表

年份	工业用电量 （万千瓦时）	单位 GDP 用电 （万千瓦时/万元）	规模以上工业企业 生产综合能源消费量 （万吨）	单位 GDP 能耗 （吨/万元）
2013	3080600	0.0755	1617.47	0.3962
2014	3160900	0.0697	1667.76	0.3679
2015	3254900	0.0662	1709.43	0.3475
2016	3347800	0.0618	1752.72	0.3236
2017	3512100	0.0574	1827.98	0.2986
2018	3730500	0.0566	1771.52	0.2689
2019	4002000	0.0540	1855.55	0.2504

注　综合能源具体包括原煤、洗煤、焦炭、天然气、汽油、煤油、柴油、燃料油、液化石油气。

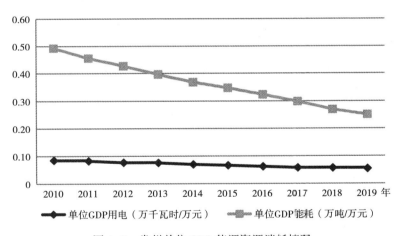

图 4-2　常州单位 GDP 能源资源消耗情况

4.3.2　环境污染

改革开放以来，常州市经济社会发展迅速，经济总量持续扩大。与此同时，污染物排放总量也维持在较高水平，总体仍然处于生态环境高污染、高风险的状态。主要污染物的减排仍然面临巨大压力。表 4-2 和表 4-3 为常州2010~2019年主要污染物排放量及其排放强度，可以看出，在整个研究期内常州化学需氧量排放量、二氧化硫排放量、氮氧化物排放量、氨氮排放量总体均呈现出下降的趋势，工业固体废弃物产生量呈现增长的趋势。结合图4-3和图4-4可知，常州化学需氧量强度、二氧化硫排放强度、氮氧化物排放强度、氨氮排放强度、工业固体废弃物排放强度均呈现不同程度的下降态势，其中，二氧化硫排放强度下降最为明显，年均下降15.44个百分点，其次是氮氧化物排放强度，年均下降14.85个百分点，化学需氧量排放强度年均下降12.56个百分点，氨氮排放强度年均下降10.31个百分点，工业固体废弃物下降幅度最小，年均下降6.75个百分点。这表明样本期间常州环境污染排放在不断增长，但是环境污染排放的强度出现下降趋势，未来应重视协调经济增长与环境污染之间的关系，切实提高生态环境治理能力。

表4-2 2010~2019年常州主要污染物排放量

年份	化学需氧量排放量（吨）	氨氮排放量（吨）	二氧化硫排放量（吨）	氮氧化物排放量（吨）	工业固体废弃物产生量（万吨）
2010	24827	385	48000	89593	303.60
2011	9416	512	43734	85823	623.79
2012	8158	398	35984	81708	584.13
2013	6948	321	35830	72646	666.85
2014	7046	321	35308	58510	675.65
2015	7446	422	34420	58492	680.47
2016	7232	412	31683	54040	675.32
2017	6867	491	28167	51765	644.81
2018	6647	486	22888	45903	670.63
2019	5721	391	19658	41075	675.92

表 4-3　2010~2019 年常州主要污染物排放强度

年份	化学需氧量排放强度（吨/亿元）	氨氮排放强度（吨/亿元）	二氧化硫排放强度（吨/亿元）	氮氧化物排放强度（吨/亿元）	工业固体废弃物产生强度（万吨/亿元）
2010	8.0298	0.1245	15.5247	28.9771	0.0982
2011	2.5869	0.1407	12.0155	23.5790	0.1714
2012	2.0194	0.0985	8.9073	20.2256	0.1446
2013	1.5346	0.0709	7.9138	16.0454	0.1473
2014	1.4116	0.0643	7.0738	1..7222	0.1354
2015	1.4099	0.0799	6.5173	1..0753	0.1288
2016	1.2572	0.0716	5.5078	9.3944	0.1174
2017	1.0600	0.0758	4.3480	7.9907	0.0995
2018	0.9637	0.0705	3.3185	6.6555	0.0972
2019	0.7730	0.0528	2.6562	5.5500	0.0913

图 4-3　常州主要污染物排放强度（化学需氧量、二氧化硫、氮氧化物）

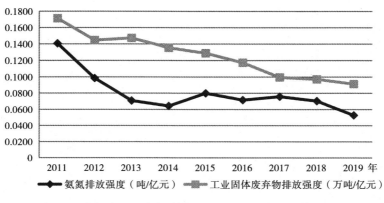

图 4-4   常州主要污染物排放强度（氨氮、工业固体废弃物）

4.3.3   绿化建设

常州人多地少、自然资源匮乏。除矿产资源较为贫乏外，常州其他资源较为丰富，如水资源，常州地处江南，为亚热带季风气候，夏季高温多雨，降水丰沛，河网密布，水资源条件较好。受季风影响形成亚热带常绿阔叶林，生物属性较多。目前，常州建成区绿化覆盖率出现小幅提升，由 2009 年的42.1%增长至 2019 年的 43.3%，并于 2016 年荣获"国家森林城市"称号。自启动创森工作以来，常州在环境保护和绿色发展方面取得了较多成果，但是在经济发展过程中依然存在能源消耗较高、三废排放严重等问题。此外，空气污染依然十分严重，自 2013 年以来空气污染指数小于 100 天数占全年天数的比例均低于 70%。

4.4 开放发展水平分析

从外贸开放度、投资开放度、旅游开放度三个方面分析常州经济的开放发展水平。

4.4.1　外贸和投资开放度

在外贸开放度和投资开放度方面，主要围绕与常州经贸投资合作基础较好的 32 个国家以及帮助重点企业和项目开展深入分析，在与二十多个国家在经济合作、产业联动、合资经营等方面形成稳定良好的合作关系，并促进国际产能合作。学者多采用表示外贸开放度的进出口依存度和表示投资开放度的外资依存度反映对外程度，根据统计数据，近 10 年常州净出口总额和实际利用外资金额都呈现出上升的趋势，但是进出口依存度和外资依存度逐年降低，这说明常州经济对于国际市场的依赖程度在不断下降，经济增长更多地由国内市场支撑。

常州在持续扩大开放规模的同时也面临相应的挑战：一是出口商品结构有待完善。常州出口商品中机电产品、纺织服装产品占绝大多数，与高新技术产品相比，这些商品科技含量较低、产品附加值及利润空间有限，不利于出口产品结构由劳动密集型向技术资本密集型转移。二是三资企业进出口总额占比较高，自营生产企业占比增速放缓。由图 4-5 可知，常州进出口总额中对外贸易企业贡献的比例维持在 10% 左右，三资企业所占比重在 50% 左右，自营生产企业虽有增长但增幅不大。

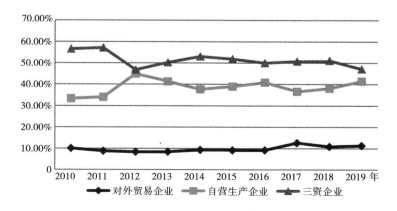

图 4-5　2010~2019 年常州市各类企业进出口总额占比

4.4.2 旅游开放度

学者往往忽略了综合开放程度中文化开放的重要性。可以采用旅游总人数占总人口的比重和旅游总收入占 GDP 的比重来反映文化开放程度，发现常州 2019 年旅游总人数与总人口的比值较 2010 年增长超 1.6 倍，由 7.86 增长至 20.69，旅游总收入占 GDP 的比重也由 13%上升至 16%。此外，常州拥有世界级非遗项目 1 个、国家级非遗项目 13 个、省级非遗项目 38 个。此外，借助"无中生有"和"借题发挥"的创新精神，常州走出了一条"资源创造型"旅游发展新路，并获得中国优秀旅游城市的荣誉称号。目前，常州拥有 1 个国家级旅游度假区和 4 个省级旅游度假区，建成了 3 家 5A 级景区、10 家 4A 级景区。其中，5A 级景区的数量仅次于苏州和无锡，位居全省第三。天目湖成为江苏唯一上市的旅游风景区，环球恐龙城跻身全国十大热门景区。然而，常州在旅游、弘扬地方特色文化过程存在一些不足：一是旅游区发展不均衡。常州仅少数旅游品牌名片的知名度较高，多数旅游品牌的知名度有待提升，并且多数旅游区产业元素分散，产业整合链化不足；二是地方特色文化熟知度不高、吸引力不强。根据相关统计资料显示，80%以上的常州居民对地方特色文化了解不足，尤其是梳篦文化、乱针绣文化，对留青竹刻、吟诵等文化的了解也很少；三是旅游优势不足，发展速度缓慢。常州各类旅游自然资源较南京、苏州、无锡、扬州等城市的优势不足，多数旅游区产业规划缺失、发展定位模糊，导致旅游业发展较为缓慢。

4.5 共享发展水平分析

从医疗和教育两个维度分析常州经济的共享发展现状。

4.5.1 医疗水平

常州财政医疗投入呈逐年增长的趋势，2019 年财政医疗与计划生育支出达到 48.98 亿元，占财政总支出的 2.64%。全市卫生事业机构数 1458 个，每千人拥有的卫生技术人员 9.63 人。但是，卫生事业方面也存在一些不足：一是防治防疫事业和妇幼保健经费投入比例偏低；二是卫生技术人员素质及结构有待改善，尤其是卫生防疫人员的数量和质量；三是卫生资源需加强控制，部分医院床位供应过剩，床位配置效率偏低、医疗机构人员规模有待优化；四是医疗卫生机构布局不合理。农村地区县、乡、村三级医疗机构无法满足当前的医疗保健需求，社区卫生服务的供给能力有限。

4.5.2　教育水平

改革开放以来，常州教育现代化水平在省内取得较好排名。2019 年统计年鉴显示，常州在校学生数达到 694458 人，教职工 49060 人，专任教师 43185 人。全市学前教育入学率达 98%、义务教育入学率达 100%，高中阶段毛入学率 100%。全市 423 所学校中普通高等学校 10 所、普通中等专科学校 11 所、技工学校 2 所、普通中学 165 所、高中 36 所、初中 129 所、小学 223 所、特殊教育学校 5 所。目前常州社会共享发展方面仍然存在发展不平衡、不充分的问题，主要表现在以下四方面：一是教育供给不充分，全市各级各类学校难以满足社会经济发展、外来人员涌入、二孩政策实行所带来的巨大教育资源需求；二是教育布局不平衡，优质中小学教育资源多数分布在钟楼区、天宁区，其他城区教学资源虽然达到一定水平，但与中心城区仍然存在明显差距；三是国际化水平不充分，常州现代化教育中国际交流合作的实质性作用较小，全方位、多层次、宽领域推进教育国际化进程有待进一步推进；四是经费投入不平衡，常州教育经费投入中对高等教育投资比重较大，不利于基础教育软硬件更新及现代化发展。

4.6　本章小结

经济高质量发展的提出，为今后我国的经济发展指明了方向、明确了任务，是对我国经济发展阶段变化和现在所处关口做出的重要判断，具有重大现实价值和深远历史意义。常州作为长三角经济带苏锡常的核心城市，综合经济竞争力和环境竞争力在全国排名均靠前。面对日趋复杂的国内外环境，常州统筹推进疫情防控和经济社会发展，"六稳""六保"有力有效，经济运行持续向好。

在经济高质量发展的大背景下，本章从创新驱动、区域协调、绿色建设、共享发展、经济开放五大维度分析常州经济高质量发展现状及存在的问题。研究表明，常州经济发展仍然存在创新动力不足、能耗和环境污染加重、发展不均衡、开放程度不高、医疗教育资源利用率低等问题，经济发展质量仍有待进一步提升。

第5章

常州生产性服务业企业高质量发展测度指标体系构建

实现常州生产性服务业企业高质量发展是一项复杂的系统工程，需要在促进技术创新、提高经济效益、加快绿色发展和扩大对外开放等关键方面重点推进。推进常州生产性服务业企业的高质量发展，必须以生产性服务业企业高质量发展的基本内涵为依据，瞄准生产性服务业企业高质量发展的主要特征和基本要求，构建一套科学的、合理的评价指标体系，以实现对常州不同细分行业和不同层级生产性服务业企业发展进行动态测度和分析评价，明确关键领域和突破重点，强化生产性服务业企业高质量发展的核心引领和目标导向。

5.1 常州生产性服务业企业高质量发展评价指标体系构建的原则

推动生产性服务业企业的高质量发展，将涉及要素、产业、生态、制度等多个方面，需要统筹当前和长远、局部和全局等多元关系。因此，构建常州生产性服务业企业高质量发展的指标体系应遵循以下基本原则。

（1）全面性与协同性结合原则。生产性服务业企业高质量发展内涵十分丰富，评价生产性服务业企业的高质量发展要立足于总体发展水平，并且对创新、绿色、效益、开发、共享等具体方面形成明确要求。因此，构建生产性服务业企业高质量发展评价体系既要综合考量，将创新驱动、绿色发展、效益提升、对外开放、社会共享等因素纳入生产性服务业企业高质量发展评价体系；又要考虑协同性，选取的指标不仅能够从不同角度出发体现生产性服务业企业高质量发展的水平，还能充分反映产业、要素及生态环境之间的协调、共进关系。

（2）科学性与前瞻性结合原则。生产性服务业企业高质量发展评价体系的构建要发挥指导作用。指标的选择既要客观、准确和全面反映生产性服务业企业高质量发展的基本要求和战略导向，又要具备前瞻性，将创新性、共享性、开放性等指标纳入生产性服务业企业高质量发展评价中。

（3）简明性与可得性结合原则。生产性服务业企业高质量发展指标体系的构建，一方面指标选取要注重评价共识和降低成本的原则，指标数量不宜过多，具有代表性、针对性，突出重点；另一方面指标选取要兼顾数据的可得性，选取时间连续、统计准确的指标，有利于形成统一的评价标准和测度体系，也可以实现对生产性服务业企业高质量发展的动态分析。

（4）普遍性与特殊性结合原则。不同区域的生产性服务业企业高质量发展在经济基础以及自然禀赋上存在较大差异，推进生产性服务业企业高质量发展，需要不同经济发展水平的地区在统一的战略布局中寻找符合区域特色和良好的战略定位。因此，生产性服务业企业高质量发展评价指标体系既要体现特殊性，充分反映生产性服务业企业在各个经济发展阶段的特点和实际情况；又要符合普遍性，指标体系既要实现同类型生产性服务业企业高质量发展成效的比较，又要能够通过权重差异实现更大区域不同类型生产性服务业企业高质量发展成效的对比。

5.2 常州生产性服务业企业高质量发展指标体系的确定

为深入了解生产性服务业企业当前高质量发展水平并提出针对性的政策

建议，本章在对生产性服务业企业高质量发展的内涵进行理解的基础上，结合"五大发展理念"核心思想，遵循评价指标体系构建的全面性、科学性、可得性等原则，从创新驱动、效益提升、绿色发展、对外开放、社会共享五个维度，初步构建了包括 5 个一级指标、14 个二级指标、33 个三级指标的生产性服务业企业高质量发展测度指标体系，结果见表 5-1。在此基础上通过德尔菲法对生产性服务业企业高质量发展测度指标体系进行筛选，最终得到包括 5 个一级指标、14 个二级指标、28 个三级指标的生产性服务业企业高质量发展测度指标体系，结果见表 5-2。

表 5-1　生产性服务业企业高质量发展评价指标体系的初建

一级指标（目标层）	二级指标（准则层）	三级指标（者标层）	指标属性
创新驱动	创新投入	研发人员投入	正向
		研发经费投入	正向
		研发设备投入	正向
	创新产出	专利成果	正向
		技术合同	正向
		社会服务	正向
	创新保障	知识产权保护	正向
		创新资源整合	正向
效益提升	盈利能力	总资产贡献率	正向
		成本费用利润率	正向
		应收账款周转率	正向
	偿债能力	资产负债率	正向
		流动比率	正向
	发展能力	总资产现金回收率	正向
		主营业务利润率	正向
		净资产增长率	正向

一级指标（目标层）	二级指标（准则层）	三级指标（指标层）	指标属性
效益提升	经济效率	劳动生产率	正向
		全要素生产率	正向
绿色发展	能源消耗	电力能源消耗	逆向
		水资源消耗	逆向
		办公材料消耗	逆向
	环境规制	治污力度	正向
		环境意识	正向
		环境披露	正向
对外开放	对外投资	对外直接投资	正向
	对外贸易	外贸依存度	正向
	利用外资	外资依存度	正向
社会共享	社会价值	社会捐赠	正向
		企业纳税	正向
	员工权益	职工薪酬	正向
		员工招录	正向
		社会保障	正向
		员工福利	正向

表 5-2　生产性服务业企业高质量发展评价指标体系

一级指标（目标层）	二级指标（准则层）	三级指标（指标层）	指标属性
创新驱动（A1）	创新投入（B1）	研发人员投入（C1）	正向
		研发经费投入（C2）	正向
	创新产出（B2）	专利成果（C3）	正向
		技术合同（C4）	正向

续表

一级指标（目标层）	二级指标（准则层）	三级指标（指标层）	指标属性
创新驱动（A1）	创新保障（B3）	知识产权保护（C5）	正向
		创新资源整合（C6）	正向
效益提升（A2）	盈利能力（B4）	总资产贡献率（C7）	正向
		成本费用利润率（C8）	正向
		应收账款周转率（C9）	正向
	偿债能力（B5）	资产负债率（C10）	正向
		流动比率（C11）	正向
	发展能力（B6）	总资产现金回收率（C12）	正向
		主营业务利润率（C13）	正向
		净资产增长率（C14）	正向
	经济效率（B7）	劳动生产率（C15）	正向
绿色发展（A3）	能源消耗（B8）	电力能源消耗（C16）	逆向
		水资源消耗（C17）	逆向
	环境规制（B9）	治污力度（C18）	正向
		环境意识（C19）	正向
		环境披露（C20）	正向
对外开放（A4）	对外投资（B10）	对外直接投资（C21）	正向
	对外贸易（B11）	外贸依存度（C22）	正向
	利用外资（B12）	外资依存度（C23）	正向
社会共享（A5）	社会价值（B13）	社会捐赠（C24）	正向
		企业纳税（C25）	正向
	员工权益（B14）	职工薪酬（C26）	正向
		员工招录（C27）	正向
		社会保障（C28）	正向

5.2.1　创新驱动维度

生产性服务业企业创新驱动包括创新投入、创新产出、创新保障三个部分：一是创新投入包括研发人员投入和研发经费投入。其中，研发人员投入以 R&D 人员占企业人员数的比重表示；研发经费投入以 R&D 经费支出占主营业务收入的比重表示。二是创新产出包括专利成果和技术合同。其中，专利成果采用专利申请数与企业人员数的比值衡量；技术合同用技术合同成交额与企业人员数的比值衡量。三是创新保障包括知识产权保护和创新资源整合。其中，知识产权保护以拥有专利数占企业总人数的比重表示；创新资源整合以技术引进经费占 R&D 经费支出的比重表示。

5.2.2　效益提升维度

高质量的效益提升包括效益增长质量和效益增长效率的同步提升。效益增长质量包括企业的盈利能力、偿债能力、发展能力。其中，用总资产贡献率、成本费用利润率、应收账款周转率衡量盈利能力；用资产负债率、流动比率表征偿债能力，用总资产先进回收率、主营业务利润率、净资产增长率表征发展能力。效益增长效率用经济效率表示。经济效率采用劳动生产率衡量。

5.2.3　绿色发展维度

生产性服务业企业高质量发展既包括企业能源消耗，又包括环境规制行为。企业能源消耗用电力能源消耗和水资源消耗表示。环境规制用治污力度、环境意识、环境披露表示，其中，治污力度用污染治理完成投资额占主营业务收入的比重衡量；环境意识表现在是否披露环境可持续发展相关信息、是否就气候变化进行讨论等方面，经综合处理后得出环境意识得分；环境披露体现在节省水量、废纸回收等方面，经综合处理后得出环境数据披露得分。

5.2.4　对外开放维度

生产性服务业企业对外开放主要包括对外投资、对外贸易、利用外资三个二级指标。其中，对外投资是指对外直接投资，用对外投资额占主营业务收入表征；对外贸易是指外贸依存度，用进出口总额占主营业务收入表征；利用外资是指外资依存度，用外商直接投资占主营业务收入表征。

5.2.5　社会共享维度

生产性服务业企业社会共享主要包括社会价值和员工权益两个部分，即企业不断创造社会价值和保障员工权益。社会价值主要体现在社会捐赠和企业纳税，其中，社会捐赠用社会捐赠额占主营业务收入衡量；企业纳税用资产纳税率衡量。员工权益主要体现在职工薪酬、就业人数和社会保障。其中，职工薪酬用职工薪酬增长率表征；员工招录用员工招录增长率表征；社会保障用职工社会保险费用支出占主营业务收入的比重表征。

5.3　常州生产性服务业企业高质量发展评价方法的确定

基于生产性服务业企业高质量发展的指标体系和研究数据特点，采用层次分析-熵权组合赋权（AHP-熵权组合赋权）法进行双重估计。AHP-熵权组合赋权法结合了主观赋权法和客观赋权法两个方面的优势：一是利用 AHP 进行主观分析，充分考虑了评价指标的现实意义，能够获得具有丰富经验的专家的意见；二是利用熵权法进行客观赋权，能够对主观性认识进行修正，降低人为失误，保证评价过程的客观性、准确性。

假设 AHP 方法得到的权重为 W_j^1，基于组合赋权的权重确定得到如下步骤：

第一步，标准化处理。在一般评价模型中，评价指标可能既包含了绝对值指标，又包含了相对值指标，且这些指标属性之间通常具有不同的单位和数量级。为了直接比较指标的属性，必须先对其单位进行处理。通常情况下，我们使用标准化处理过程来消除不同指标在单位、量级上的差异，从而可以进行数据的进一步运算。由于进行标准化处理的方法较多，本章的标准化处理过程如下：

对于正向指标

$$x'_{ij} = \frac{x_{ij} - \min_i \{x_{ij}\}}{\max_i \{x_{ij}\} - \min_i \{x_{ij}\}} \tag{5-1}$$

对于负向指标

$$x'_{ij} = \frac{\max_i \{x_{ij}\} - x_{ij}}{\max_i \{x_{ij}\} - \min_i \{x_{ij}\}} \tag{5-2}$$

由于熵值法在计算过程中运用了对数处理，进行标准化处理后的部分数据为负值，不能直接使用。因此，负值需要做正值处理，可以使用标准化法和功效系数法。本章选择第一种方法对数据做一定单位的平移：

$$x''_{ij} = x'_{ij} + A \tag{5-3}$$

式中：x''_{ij} 为平移后的数据；A 为平移幅度。

第二步，定义标准化。将各指标同度量化，计算第 j 个指标的第 i 个评估对象在该指标中的比重：

$$p_{ij} = x''_{ij} / \sum_{i=1}^{n} x''_{ij} \quad (i = 1, 2, \cdots, m; j = 1, 2, \cdots, n) \tag{5-4}$$

式中：m 为样本数量；n 为指标数量。

第三步，指标信息熵值和信息效用值。计算第 j 项指标的信息熵值：

$$e_j = -k \sum_{i=1}^{m} p_{ij} \ln(p_{ij}) \tag{5-5}$$

式中：k 为常数。一个系统如果完全无序，则熵值最大，$e=1$；而对于一个完全有序的系统，信息数据无序程度为1，其熵值最小，$e=0$。m 个样本处于完全无序的状态时，$p_{ij} = 1/m$，此时，

$$k = 1/\ln m \tag{5-6}$$

计算第 j 个指标的信息效用值，其信息效用值越大，说明该指标在方案评

估中的作用越大，其熵值越小。信息效用值 v_j：

$$v_j = 1 - e_j \qquad (5-7)$$

第四步，评价指标的熵权（权重）。采用熵值法测算各个指标的权重值，即利用该指标信息的效用价值进行测算，其价值系数越高，表明该指标在综合评价中的重要程度越高。记熵权法所得权重为 W_j^2，则第 j 项评价指标的权重为：

$$W_j^2 = v_j \Big/ \sum_{j=1}^{n} v_j \quad (j = 1, 2, \cdots, n) \qquad (5-8)$$

第五步，对 W_j^1、W_j^2 进行如下组合，得到最终指标权重 W_j：

$$W_j = \frac{w_j^1 w_j^2}{\sum_{i=1}^{n} w_j^1 w_j^2} = (w_1, w_2, \cdots, w_n)^{\mathrm{T}} \qquad (5-9)$$

最后，利用线性加权法逐层进行加权汇总，得到综合评价值。

5.4　本章小结

经济高质量发展是我国整体高质量发展的重要组成部分，直接关系到我国高质量发展全局，是适应我国社会主要矛盾变化、全面建成小康社会和全面建设社会主义现代化国家的必然要求。而经济高质量发展的提出为我国生产性服务业提供了转型升级的新机遇，推动生产性服务业高质量发展对于提升国家综合实力具有极其重要的意义。生产性服务业企业在促进经济增长、激发内需潜力、带动社会就业、科技创新与社会和谐稳定等方面具有不可替代的作用，是我国国民经济和社会发展的重要力量，因此推动生产性服务业企业高质量发展是实现经济高质量发展的重要组成部分。常州生产性服务业企业发展存在创新能力薄弱、动能转化乏力、绿色发展缓慢、共享程度偏低等问题，发展质量亟待进一步提升。

　　本章在明晰生产性服务业企业高质量发展内涵的基础上，基于全面性与协同性结合原则、科学性与前瞻性结合原则、简明性与可得性结合原则、普遍性与特殊性结合原则、从创新驱动、效益提升、绿色发展、对外开放、社会共享五个维度构建常州生产性服务业企业高质量发展评价指标体系，其中创新驱动包括：创新投入、创新产出、创新保障；效益提升包括：盈利能力、偿债能力、发展能力、经济效率；绿色发展包括：能源消耗、环境规制；对外开放包括：对外投资、对外贸易、利用外资；社会共享包括：社会价值、员工权益。并选取 AHP-熵权组合赋权法对常州生产性服务业企业高质量发展水平进行测算。

第6章

常州生产性服务业企业高质量发展实证分析

6.1 数据来源及处理

本书邀请8位专家采用"1-9标度法",对常州生产性服务业企业高质量发展的各项指标相对重要程度进行主观打分,打分结果用于层次分析法中构造判断矩阵,进而确定主观权重。然后基于熵权法,向常州108家生产性服务业企业发放问卷获取数据,计算得到各个指标的客观权重。最后通过AHP-熵权组合赋权法得到各个指标的综合权重。数据资料通过问卷调查、实地调研、专家访谈的方式获取。此外,结合我国城市分行业的就业统计口径,将常州108家企业分为:交通运输、仓储及邮电通信企业(19家)、租赁和商务服务企业(13家)、信息传输、计算机服务和软件企业(14家)、金融企业(12家)、房地产企业(15家)、批发和零售企业(18家)、科学研究和技术服务企业(17家)。

生产性服务业细分行业由于存在明显的异质性,可以将其分为高端生产性服务业企业和低端生产性服务业企业两类。其中,高端生产性服务业企业具有知识和资本密集、市场辐射广、无须"面对面"频繁接触等特征;低端生产性服务业企业具有知识和资本分散、市场辐射弱、需"面对面"频繁接触等特征。其中,高端生产性服务业企业包括信息传输、计算机服务和软件企业、金融企业、房地产企业、科学研究和技术服务企业四类,共58家;低端生产性服务业企业包括交通运输、仓储及邮电通信企业、租赁和商务服务企业、批发和零售企业三类，共 50 家。

6.2 常州生产性服务业企业高质量发展测度结果分析

结合常州生产性服务业企业高质量发展评价指标体系及上述测算方法，本章计算出常州生产性服务业企业高质量发展评估指标体系中的各指标综合权重值，结果见表 6-1~表 6-3。

表 6-1　基于层次分析法的常州生产性服务业企业高质量发展评价指标权重估计

一级指标（权重）	二级指标（权重）	三级指标（权重）
创新驱动（0.254）	创新投入（0.105）	研发人员投入（0.047）
		研发经费投入（0.058）
	创新产出（0.093）	专利成果（0.061）
		技术合同（0.032）
	创新保障（0.056）	知识产权保护（0.020）
		创新资源整合（0.036）
效益提升（0.212）	盈利能力（0.051）	总资产贡献率（0.013）
		成本费用利润率（0.024）
		应收账款周转率（0.014）
	偿债能力（0.054）	资产负债率（0.031）
		流动比率（0.023）
	发展能力（0.037）	总资产现金回收（0.013）
		主营业务利润率（0.014）
		净资产增长率（0.010）
	经济效率（0.070）	劳动生产率（0.070）

续表

一级指标（权重）	二级指标（权重）	三级指标（权重）
绿色发展（0.189）	能源消耗（0.071）	电力能源消耗（0.049）
		水资源消耗（0.022）
	环境规制（0.118）	治污力度（0.032）
		环境意识（0.047）
		环境披露（0.039）
对外开放（0.165）	对外投资（0.052）	对外直接投资（0.052）
	对外贸易（0.038）	外贸依存度（0.038）
	利用外资（0.075）	外资依存度（0.075）
社会共享（0.180）	社会价值（0.104）	社会捐赠（0.036）
		企业纳税（0.068）
	员工权益（0.076）	职工薪酬（0.034）
		员工招录（0.019）
		社会保障（0.023）

表 6-2　基于熵权法的常州生产性服务业企业高质量发展评价指标权重估计

一级指标（权重）	二级指标（权重）	三级指标（权重）	熵权法权重
创新驱动（0.254）	创新投入（0.105）	研发人员投入（0.047）	0.038
		研发经费投入（0.058）	0.067
	创新产出（0.093）	专利成果（0.061）	0.045
		技术合同（0.032）	0.035
	创新保障（0.056）	知识产权保护（0.020）	0.013
		创新资源整合（0.036）	0.043
效益提升（0.212）	盈利能力（0.051）	总资产贡献率（0.013）	0.024
		成本费用利润率（0.024）	0.019
		应收账款周转率（0.014）	0.017

续表

一级指标（权重）	二级指标（权重）	三级指标（权重）	熵权法权重
效益提升（0.212）	偿债能力（0.054）	资产负债率（0.031）	0.023
		流动比率（0.023）	0.026
	发展能力（0.037）	总资产现金回收（0.013）	0.023
		主营业务利润率（0.014）	0.017
		净资产增长率（0.010）	0.012
	经济效率（0.070）	劳动生产率（0.070）	0.082
绿色发展（0.189）	能源消耗（0.071）	电力能源消耗（0.049）	0.046
		水资源消耗（0.022）	0.034
	环境规制（0.118）	治污力度（0.032）	0.025
		环境意识（0.047）	0.041
		环境披露（0.039）	0.029
对外开放（0.165）	对外投资（0.052）	对外直接投资（0.052）	0.046
	对外贸易（0.038）	外贸依存度（0.038）	0.044
	利用外资（0.075）	外资依存度（0.075）	0.078
社会共享（0.180）	社会价值（0.104）	社会捐赠（0.036）	0.031
		企业纳税（0.068）	0.057
	员工权益（0.076）	职工薪酬（0.034）	0.025
		员工招录（0.019）	0.022
		社会保障（0.023）	0.038

**表 6-3 基于 AHP-熵权组合赋权法的常州生产性服务业企业
高质量发展评价指标权重估计**

一级指标（权重）	二级指标（权重）	三级指标（权重）	熵权法权重	综合权重
创新驱动（0.254）	创新投入（0.105）	研发人员投入（0.047）	0.038	0.041
		研发经费投入（0.058）	0.067	0.088
	创新产出（0.093）	专利成果（0.061）	0.045	0.062
		技术合同（0.032）	0.035	0.025

续表

一级指标（权重）	二级指标（权重）	三级指标（权重）	熵权法权重	综合权重
创新驱动（0.254）	创新保障（0.056）	知识产权保护（0.020）	0.013	0.006
		创新资源整合（0.036）	0.043	0.035
效益提升（0.212）	盈利能力（0.051）	总资产贡献率（0.013）	0.024	0.007
		成本费用利润率（0.024）	0.019	0.010
		应收账款周转率（0.014）	0.017	0.005
	偿债能力（0.054）	资产负债率（0.031）	0.023	0.016
		流动比率（0.023）	0.026	0.014
	发展能力（0.037）	总资产现金回收（0.013）	0.023	0.007
		主营业务利润率（0.014）	0.017	0.005
		净资产增长率（0.010）	0.012	0.003
	经济效率（0.070）	劳动生产率（0.070）	0.082	0.131
绿色发展（0.189）	能源消耗（0.071）	电力能源消耗（0.049）	0.046	0.051
		水资源消耗（0.022）	0.034	0.017
	环境规制（0.118）	治污力度（0.032）	0.025	0.018
		环境意识（0.047）	0.041	0.044
		环境披露（0.039）	0.029	0.026
对外开放（0.165）	对外投资（0.052）	对外直接投资（0.052）	0.046	0.054
	对外贸易（0.038）	外贸依存度（0.038）	0.044	0.038
	利用外资（0.075）	外资依存度（0.075）	0.078	0.133
社会共享（0.180）	社会价值（0.104）	社会捐赠（0.036）	0.031	0.025
		企业纳税（0.068）	0.057	0.088
	员工权益（0.076）	职工薪酬（0.034）	0.025	0.019
		员工招录（0.019）	0.022	0.010
		社会保障（0.023）	0.038	0.020

进一步测算常州市生产性服务业企业高质量发展总指数以及创新驱动、效益提升、绿色发展、对外开放、社会共享 5 个分指数（限于篇幅，测算结果省略），在此基础上计算出常州不同类型和层级生产性服务业企业高质量发展总指数及其一级分指数的均值，结果见表 6-4 和图 6-1。

表 6-4　常州不同类型生产性服务业企业高质量发展总指数及一级分指数

生产性服务业企业	高质量发展总指数	高质量发展一级分指数				
		创新驱动	效益提升	绿色发展	对外开放	社会共享
交通运输、仓储及邮电通信企业	0.070	0.042	0.105	0.014	0.142	0.059
租赁和商务服务企业	0.108	0.024	0.160	0.021	0.294	0.084
信息传输、计算机服务和软件企业	0.086	0.107	0.124	0.029	0.128	0.032
金融企业	0.067	0.038	0.127	0.025	0.094	0.057
房地产企业	0.090	0.052	0.215	0.008	0.056	0.114
批发和零售企业	0.102	0.025	0.183	0.019	0.215	0.098
科学研究和技术服务企业	0.093	0.093	0.182	0.035	0.106	0.036

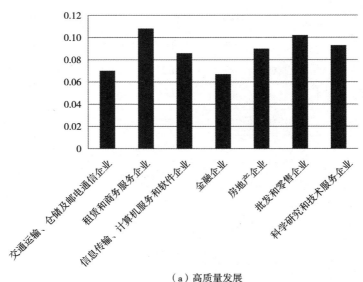

（a）高质量发展

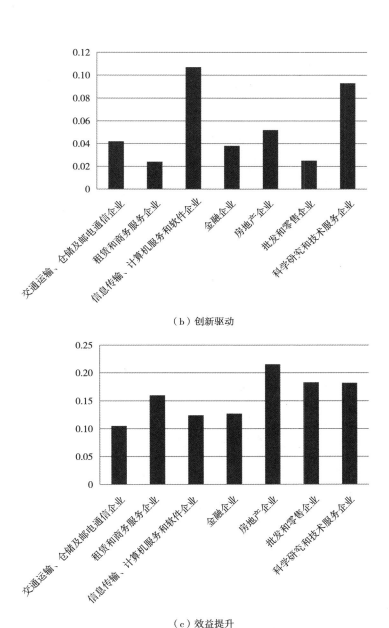

（b）创新驱动

（c）效益提升

图 6-1

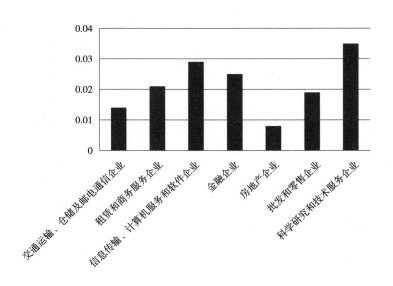

（d）绿色发展

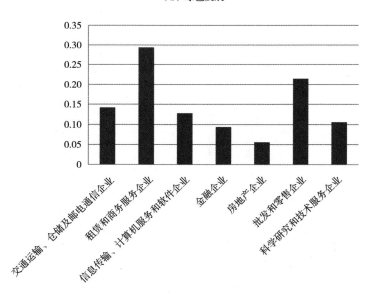

（e）对外开放

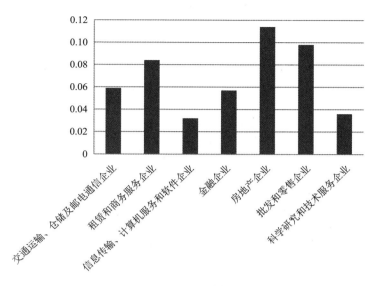

（f）社会共享

图 6-1 常州不同类型生产性服务业企业高质量发展总指数及一级分指数

根据表 6-2 和图 6-1 可以看出，租赁和商务服务企业高质量发展指数最高，达到 0.108，其次是批发和零售企业（0.102），科学研究和技术服务企业（0.093），房地产企业（0.090），信息传输、计算机服务和软件企业（0.086），交通运输、仓储及邮电通信企业（0.070），金融企业高质量发展指数最低，仅为 0.067。可见，不同类型生产性服务业企业高质量发展过程中存在较大的差距。从生产性服务业企业高质量发展一级分指数来看，创新驱动分指数中信息传输、计算机服务和软件企业最高（0.107），租赁和商务服务企业最低（0.024）；效益提升分指数中房地产企业最高（0.215），交通运输、仓储及邮电通信企业最低（0.105）；绿色发展分指数中科学研究和技术服务企业最高（0.035），房地产企业最低（0.008）；对外开放分指数中租赁和商务服务企业最高（0.294），房地产企业最低（0.056）；社会共享分指数中房地产企业最高（0.114），信息传输、计算机服务和软件企业最低（0.032）。可见，租赁和商务服务企业高质量发展水平最高主要得益于较高的对外开放水平和社会共享能力；金融企业高质量发展水平最低，主要原因是由于对外开放水平偏低。

表 6-5 和图 6-2 为不同层级生产性服务业企业高质量发展总指数及一级分指数的均值，可以发现，高端生产性服务业企业高质量发展指数为 0.103，低端生产性服务业企业高质量发展指数为 0.086，说明高端生产性服务业企业高质量发展水平明显要高于低端生产性服务业企业高质量发展水平。从生产性服务业企业高质量发展一级分指数来看，高端生产性服务业企业的创新驱动分指数、效益提升分指数、绿色发展分指数和社会共享分指数要高于低端生产性服务业企业，高端生产性服务业企业的对外开放分指数要低于低端生产性服务业企业。相比之下，低端生产性服务业企业在强化创新驱动、提升经济效益、加快绿色发展、实现社会共享方面还存在较大的提升空间。

表 6-5 常州不同层级生产性服务业企业高质量发展总指数及一级分指数

项目	高质量发展总指数	高质量发展一级分指数				
		创新驱动	效益提升	绿色发展	对外开放	社会共享
高端生产性服务业企业	0.103	0.075	0.187	0.028	0.123	0.103
低端生产性服务业企业	0.086	0.032	0.162	0.013	0.156	0.087

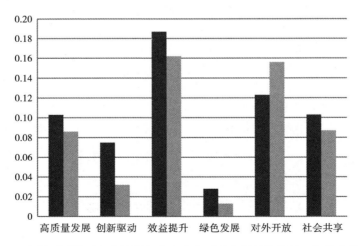

图 6-2 常州不同类型生产性服务业企业高质量发展总指数及一级分指数对比

　　为了更加全面地认识各类型生产性服务业企业高质量发展情况，本章进一步结合二级分指数测算结果，对比分析创新驱动分指数、效益提升分指数、绿色发展分指数、对外开放分指数、社会共享分指数（图6-3）。

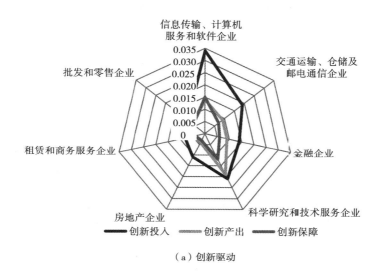

（a）创新驱动

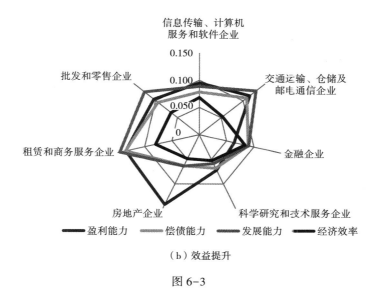

（b）效益提升

图6-3

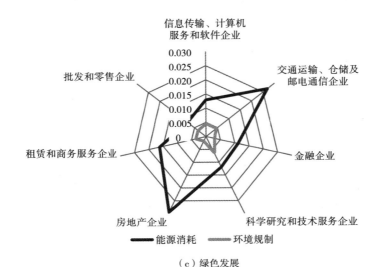

（c）绿色发展

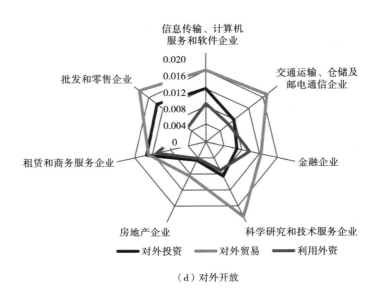

（d）对外开放

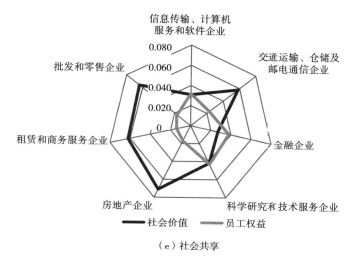

（e）社会共享

图 6-3 常州不同类型生产性服务业企业高质量发展二级分指数

信息传输、计算机服务和软件企业、科学研究和技术服务企业凭借较高的创新投入和较好的创新保障，创新驱动分指数排名靠前；房地产企业，批发零售企业依靠较高水平的盈利能力，效益提升分指数排名靠前；科学研究和技术服务企业、信息传输、计算机服务和软件企业因能源消耗较低、环境规制程度较高，绿色发展分指数排名靠前；租赁和商务服务企业、批发和零售企业在对外贸易、利用外资方面表现较好，对外开放分指数排名靠前；房地产企业和批发零售企业的社会价值较高，社会贡献分指数排名靠前。除此之外，生产性服务业企业高质量发展总指数排名中、后位置的部分企业也在某些分维度有着不俗表现。如房地产企业、交通运输、仓储及邮电通信企业，由于其创新投入、创新产出较高，跻身创新驱动分指数第三、第四位；租赁和商务服务企业依靠较强的盈利能力、偿债能力和发展能力，效益提升分指数排名第四；金融企业在能源节约、环境保护方面成绩较优，在绿色发展分维度上排名第三。但是，部分类型企业在某些分维度中存在较为明显的发展短板。如租赁和商务服务企业因为在创新投入、创新产出和创新保障方面整体表现不佳，创新驱动分指数排名最后；批发和零售企业因能源消耗较高和环境规制较弱导致绿色发展分指数排名倒数第二；信息传输、计算机服务和软件企业由于社会价值较低和员工权益保障不足导致社会共享分指数位列倒数第一。

图6-4为常州不同层级生产性服务业企业高质量发展二级分指数，可以看出，高端生产性服务业企业凭借较高的创新投入、创新产出和较优的创新保障，创新驱动分指数明显要高于低端生产性服务业企业；低端生产性服务业企业在盈利能力、偿债能力、发展能力、经济效率方面保持较高水平，效益提升分指数与高端生产性服务业企业差距较小；高端生产性服务业企业因

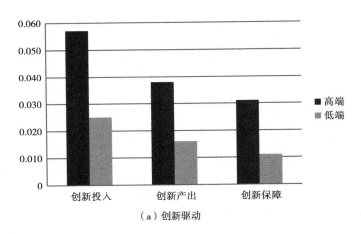

（a）创新驱动

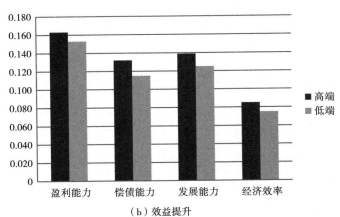

（b）效益提升

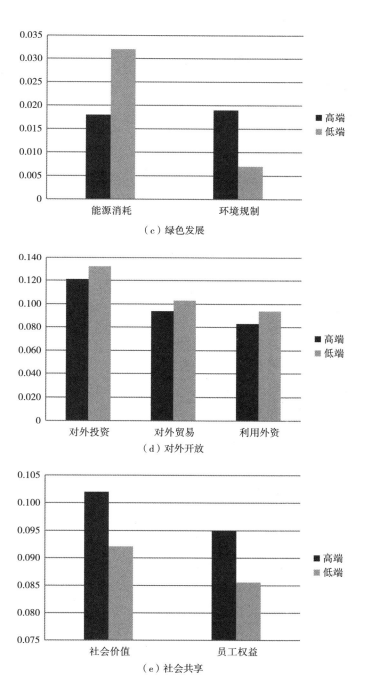

（c）绿色发展

（d）对外开放

（e）社会共享

图 6-4　常州不同层级生产性服务业企业高质量发展二级分指数

能源消耗低、环境规制强，绿色发展分指数远高于低端生产性服务业企业；低端生产性服务业企业依靠较高水平的对外投资、对外贸易和利用外资能力，对外开放分指数要高于高端生产性服务业企业；高端生产性服务业企业因在社会价值和员工权益方面做出较大努力，社会共享分指数要高于低端生产性服务业企业。

6.3 本章小结

本章采用 AHP-熵权组合赋权法对常州生产性服务业企业高质量发展水平进行测算。研究发现，常州不同类型生产性服务业企业高质量发展水平存在明显差异，其中，租赁和商务服务企业高质量发展水平最高，主要凭借较高的对外开放和社会共享水平；其次是批发和零售企业，科学研究和技术服务企业，房地产企业，信息传输、计算机服务和软件企业，交通运输、仓储及邮电通信企业；金融企业高质量发展水平最低，主要原因是由于在对外开放方面表现较差。常州高端生产性服务业企业的高质量发展水平要高于低端生产性服务业企业，且高端生产性服务业企业在强化创新驱动、提升经济效益、加快绿色发展、促进社会共享方面均要优于低端生产性服务业企业。

第7章

常州生产性服务业企业创新能力指标体系构建

　　中国的经济增长动力长期长期依靠政府主导的大规模投资和大量要素投入，这种通过牺牲资源环境为代价的发展模式给我国带来巨大经济成就的同时，造成了严重的资源短缺和环境污染问题。而经济高质量发展的提出，为今后我国经济发展指明了方向、明确了任务，是对我国经济发展阶段变化和现在所处关口做出的重要判断，具有重要的现实价值和历史意义。

　　生产性服务业的快速发展，是向结构调整要动力、促进经济健康增长的关键举措。从全球范围看，生产性服务业已成为发达国家和地区发展最快的行业，生产性服务业水平的高低是衡量一个国家在国际分工中战略地位的重要因素。与此同时，我国生产性服务业也存在结构不合理、发展滞后、水平不高等问题。为此，在经济高质量发展的背景下，大力发展生产性服务业是推动我国经济健康增长的必然要求，对实现中国经济高质量发展具有重要意义。此外，生产性服务业作为与制造业直接相关的配套服务业，贯穿制造业上下游的诸多环节，有助于推动制造业向价值链高端攀升，提高产业、企业乃至区域的核心竞争力。近年来，各级政府相继出台竞争性的地方政策和发展规划，加快推动生产性服务业产业健康可持续发展。而生产性服务业企业能够激发内需潜力、扩大社会就业、改善居民生活水平和促进经济增长，是推动经济高质量发展的重要力量。因此，实现生产性服务业企业高质量发展，对于实现全行业高质量发展具有重要的促进作用。与全国相比，常州服务业经济长期保持稳中有进的发展态势，规模效应明显，税收贡献增大。尤其是生产性服务业增长迅速，规模企业数量不断增长，集聚效应日益显著，为常州经济的持续健康发展注入强劲动力。

事实上，高质量的生产性服务业活动才能推动经济高质量发展，低质量的生产性服务业活动反而会造成资源浪费和环境污染。高质量发展是体现"创新、协调、绿色、开放、共享"的新发展理念的发展。经济高质量发展的内涵十分丰富，但是尚未形成明确定义。而经济高质量发展对企业的发展有了新的要求，生产性服务业企业发展也必须由高速发展转变为高质量发展。

创新发展是生产性服务业企业高质量发展的核心动力，是提升综合国力的重要方式，是建设现代化产业体系的战略支撑。新时代我国生产性服务业企业高质量发展增长动力将逐渐转变为科技创新。企业只有高度重视技术创新并加大研发投入，才能够提高生产率和竞争优势，从而促使创新成为生产性服务业企业高质量发展的不竭动力。

协调发展是生产性服务业企业高质量发展的基本要求，要进一步缩小城乡经济发展差距和生活水平差距，加快产业结构转型升级，推动区域发展一体化，遏制我国区域发展不均衡不充分的态势。

绿色发展是生产性服务业企业高质量发展的重要基础，能够降低经济社会发展对资源和环境的影响程度，推动形成人与自然和谐共生的新局面。同时，高质量发展要求生产性服务业企业在环境保护和节能降耗方面取得较大成效，在产品以及服务等方面注重品质提升，在诚信建设、遵纪守法等方面树立良好形象，实现绿色、健康、可持续发展。

对外开放是生产性服务业企业高质量发展的重要引擎，也是实现综合国力提升的必然要求。随着我国改革开放的不断深化，以往仅用外资利用额度、贸易顺差来衡量开放程度的做法显然不符合实际情况。新时期生产性服务业企业不仅要持续扩大对外开放，在开放中增进合作，在开放中推动创新，在开放中拓展发展空间，而且要更加注重贸易平衡与外资利用质量，从而充分利用国内外的生产资源，以实现企业生产效率和国际竞争力的同步提升。

社会共享是生产性服务业企业高质量发展的根本目标，而推动经济发展、提高社会普惠程度关键在于解决群众最现实的利益问题，因而不断提高生产性服务业企业的社会贡献和员工福利，将成为提高生产性服务业企业共享性水平，推动生产性服务业企业高质量发展的重要举措。在经济发展新时代，社会共享也是社会对生产性服务业企业提出的新要求。生产性服务业企业在发展中应积极承担社会责任，重视社会就业、民生改善、社会服务等，从而更好地体现企业社会价值。可以看出，创新是科技进步、企业成长的重要源泉。企业作为创新的主体，自身创新能力直接决定国家的创新水平，提升生产性服务业企业创新能力已成为建设创新型国家的首要任务。

近年来，国家对生产性服务业企业的重视程度不断提升，扶持政策进一步完善。常州生产性服务业企业在扩大就业供给、繁荣地方经济、加快城镇化建设等方面发挥了重要作用。但是，在中美贸易摩擦、新冠肺炎疫情等的冲击下，常州生产性服务业发展面临前所未有的困难。目前，常州生产性服务业企业研发投入相对缺乏，科技成果转化率低，创新政策环境有待进一步改善。常州生产性服务业企业如何借助自身优势提高经济效益和创新能力，已成为政府与企业共同面对的问题。为此，本章在分析常州生产性服务业发展现状的基础上，构建可量化和可操作性的生产性服务业企业创新能力评价指标体系，并分析常州生产性服务业企业创新能力水平及存在的问题，进而提出促进常州生产性服务业企业创新发展和高质量发展的具体措施，以期推动常州生产性服务业行业由规模扩张的外延式发展向质量提升的内涵式发展转型，进而有力支撑常州的经济高质量发展。

7.1 常州生产性服务业企业创新能力指标体系构建的原则

实现生产性服务业企业创新能力提升是一项复杂的系统工程，需要在增加创新投入、加强创新管理、营造创新环境、推动创新营销、保障创新实施等关键方面重点推进。提高生产性服务业企业的创新能力，必须以生产性服务业企业的发展现状为依据，瞄准生产性服务业企业创新的主要特征和基本要求，构建一套科学合理的评价指标体系，以实现对不同地区和规模的生产性服务业企业发展进行动态测度和分析评价，明确重点领域和突破重点，增强生产性服务业企业创新的核心引领和目标导向。

推进生产性服务业企业高质量发展涉及要素、制度、环境等各个方面，需要统筹当前和长远、局部和全局等多元关系。因此，构建生产性服务业企业创新能力评价指标体系需要遵循以下几种原则。

（1）全面性与层次性相结合原则。探究生产性服务业企业的创新能力既要以生产性服务业企业总体发展水平为基础，也要对营销、管理、制度、投入、实施等具体方面有明确要求。因此，构建生产性服务业企业创新能力评价体系既要综合考量，将创新营销、创新管理、创新投入、创新实施、创新环境等方面情况纳入生产性服务业企业创新能力评价体系，进而从不同维度全面反映生产性服务业企业创新能力评估指标的特征；选取的指标体系在结构上要层次分明，逻辑上要反映出不同因素间的递进关系。

（2）科学性与前瞻性相结合原则。生产性服务业企业创新能力评价体系的构建应发挥指导作用，指标选取不仅要准确、客观和全面反映生产性服务业企业创新发展的根本要求，而且要具备前瞻性，将有利于推进生产性服务业企业创新能力的管理、营销、环境、投入等指标纳入其中。

（3）简明性与可得性相结合原则。生产性服务业企业创新能力指标体系的构建是为企业科学决策和有效管理服务的，因此指标选取要注重评价共识和降低成本的原则，指标数量不宜过多，要有代表性、针对性。同时，指标选取要兼顾数据的可得性，选取容易获取和衡量的指标，有利于形成统一的评价标准和测评体系。

（4）可比性与可操作性相结合原则。生产性服务业企业创新能力指标体系中各指标的计算量度和方法要保持一致，评价标准要保持统一，使评价对象具有可比性。同时，选取的指标要与生产性服务业企业创新活动的实际情况相关，具有现实性和可操作性，保证了评价指标体系能够在生产性服务业企业创新能力评价工作中顺利运用。

（5）普遍性与特殊性相结合原则。不同规模和不同性质的生产性服务业企业在生产控制和创新控制上有明显差异。因而推进生产性服务业企业创新发展需要生产性服务业企业明确符合企业特色和优势的战略定位。因此，生产性服务业企业创新能力评价指标体系既要充分反映生产性服务业企业在不同发展阶段的现实情况，以体现特殊性；又要实现不同规模和不同性质生产性服务业企业创新发展成效的对比，以符合普遍性。

7.2 常州生产性服务业企业创新能力指标体系构建

本研究首先通过对有关文献进行研究梳理，根据指标选取的全面性、科学性、可得性、可比性、普遍性等相关原则，选取易获取、意义明确、无重叠且普遍适用的指标，初步构建了包括 1 个一级指标、5 个二级指标、18 个三级指标在内的生产性服务业企业创新能力评价指标体系，结果见表 7-1。在完成指标初选的工作之后，通过咨询专家、小组讨论等形式对初选指标征求意见，并对各类反馈信息进行归纳总结，将与评价目标关联度小和相关性较强的指标去除，保证同层级指标间相互独立，进而逐步完善形成一般指标体系，最终构建了包括 1 个一级指标、5 个二级指标、15 个三级指标在内的生产性服务业企业创新能力评价指标体系，结果见表 7-2。

表 7-1　常州生产性服务业企业创新能力评价指标体系的初建

一级指标（目标层）	二级指标（准则层）	三级指标（指标层）
创新能力	创新投入能力	研发经费投入
		研发人员投入
		研发设备投入
	创新营销能力	市场信息获取
		营销人员素质
		营销模式构建
		社会营销资源
	创新实施能力	发明专利申请
		创新产品价值
		创新产品周期
	创新管理能力	创新文化建设
		创新激励措施
		企业领导能力
		领导文化素质
	环境支撑能力	创新环境状况
		政策支持力度
		创新中介服务
		企业员工素质

表 7-2　常州生产性服务业企业创新能力评价指标体系

一级指标（目标层）	二级指标（准则层）	三级指标（指标层）
创新能力 A	创新投入能力 B_1	研发经费投入 C_1
		研发人员投入 C_2
		研发设备投入 C_3
	创新营销能力 B_2	市场信息获取 C_4
		营销人员素质 C_5
		营销模式构建 C_6
	创新实施能力 B_3	发明专利申请 C_7
		创新产品价值 C_8
		创新产品周期 C_9
	创新管理能力 B_4	创新文化建设 C_{10}
		创新激励措施 C_{11}
		企业领导能力 C_{12}
	环境支撑能力 B_5	创新环境状况 C_{13}
		政策支持力度 C_{14}
		创新中介服务 C_{15}

7.2.1　创新投入能力

企业是创新的主体，需要一定的研发投入才能够保证生产性服务业企业创新活动的顺利开展。因此，本章选取创新投入能力作为准则层的重要构成。企业创新活动往往需要大量的研发资金、人才和设备，因而创新投入能力维度的指标层包括：研发经费投入、研发人员投入、研发设备投入三个指标。

7.2.2　创新营销能力

营销是提升生产性服务业企业创新水平的重要动力，能够为企业工艺研发、流程改进、产品设计等过程提供重要信息，提升创新产品的价值和品质，并提高市场占有率和市场竞争力。本章的创新影响能力维度重点选取市场信息获取、营销人员素质、营销模式构建三个指标来衡量。

7.2.3　创新实施能力

实施能力是生产性服务业企业创新活动的根本保障，在企业创新过程中，需要对创新活动及时提出改善建议并调整工作，加快推进企业创新成果形成和转化。因此，本章选取发明专利申请、创新产品价值、创新产品周期指标，来衡量生产性服务业企业的创新实施能力。

7.2.4　创新管理能力

管理能力是生产性服务业企业创新发展的重要引擎，也是提升企业创新能力的关键要素。通过制定激励政策，鼓励和支持生产性服务业企业制定创新战略和创新方案，并营造良好的创新氛围，同时企业领导的决策和管理能力也对企业创新发展产生重要的影响。因此，本章选取创新文化建设、创新激励措施、企业领导能力，来表征生产性服务业企业的创新管理水平。

7.2.5　环境支撑能力

外部环境是影响生产性服务业企业创新发展的重要因素。良好的外部创新环境能够提升生产性服务业企业的创新动力，同时政府的财政支持和创新中介服务平台的建设和完善，也为生产性服务业企业创新活动开展提供一定支撑。因此，本书的环境支撑能力维度重点选取了创新环境状况、政策支持力度、创新中介服务三个指标来衡量。

7.3 常州生产性服务业企业创新能力指标权重估计的方法

7.3.1 指标权重估计方法的选取

权重是以某种数量形式来衡量研究对象的数个指标在总指标中的相对重要程度，主要取决于两个因素：指标在决策中的重要程度和决策者对指标的重视程度。国内外关于指标赋权的方法可分为主观赋权和客观赋权法。本章对常用赋权方法的原理、优点和缺点进行对比分析，具体见表7-3。

表7-3　权重确定方法的比较

赋权方法		层次分析法	德尔菲法
主观赋权法	原理	将有待辨别的复杂问题分成多个层次，邀请专家对指标的重要性进行对比，并计算出判断矩阵的特征向量，从而反映下层指标对上层指标的贡献	根据专家的经验、知识、能力等对指标进行主观地判断，从而确定指标的相对权重
	优点	指标权重估算结果较为客观、准确，容易操作	评价过程速度较快，操作容易；评价成本相对较低
	缺点	容易受到主观判断影响，定量数据较少，并且数据统计工作量较大	容易受到主观判断影响，随机忄生较大，准确度较低
	适用范围	用于目标、层次、因素较多的决策	用于数据材料缺乏、主观因素较为重要的决策
赋权方法		主成分分析法	熵值法
客观赋权法	原理	利用降维的思想，将多个相关性高的指标转变为少数彼此不存在相关性的、能够最大限度地反映原本较多指标信息的综合性指标	通过对大量数据的计算，分析各指标自身的相对变化对整个系统的影响，从而判断指标权重

续表

赋权方法		主成分分析法	熵值法
客观赋权法	优点	评价结果更为客观、准确；消除指标间的相互影响	清晰地呈现各指标的变化情况及对系统影响的程度；不受主观因素的影响；操作简单，准确性较高
	缺点	当主成分因子负荷的符号为正或负时，综合评价函数的意义不明确	指标和系统得分缺少相应的参考标准，只能对指标之间进行对比；指标的维度无法减少，应用受到很大限制
	适用范围	用于样本数据完整、指标相关性高的决策	用于指标重要性相近且相关性较小、数据完整的决策

上述四种权重确定方法中层次分析法与德尔菲法是主观赋权法，均需要决策者对指标的重要程度进行主观判断，也被称为"专家赋权法"，因而该方法高度依赖专业的评价人员，最好选择具有丰富实际操作经验的人员，才能保证所获得的数据真实可靠。其中，层次分析法对专家的主观判断做了进一步处理，使测算结果较为科学、准确。主观赋权法极易受专家自身的知识、经验等的影响，权重估算结果仍需进一步完善。主成分分析和熵值法属于客观赋权法，均是依据指标的相关程度及所提供的信息量来确定权重。客观赋权法消除了主观影响，按照一定的规则进行赋权，评价结果比前者更为科学。然而，实际上客观赋权法受到评估目标数量和方案数量的限制，使权重测算过程较为困难，且会受到评价者对决策问题认知程度的约束，将指标的重要程度同等看待，使权重的设置存在主观性。综上分析，层次分析法作为一种定性与定量分析相结合的综合性评价方法和用于规划、决策和评价的有效工具，将其引入常州生产性服务业企业创新能力评价指标体系的研究中也具有重要意义。

7.3.2　层次分析法的引入

层次分析法是由 Saaty 在 20 世纪下半叶提出的一种定量分析与定性分析

相结合的多准则的统计评价方法，适用于处理难以量化的问题。这种方法本质是将复杂问题分解成各个组成因素和指标，将其按照支配关系分组形成递阶层次结构，然后对所列指标通过两两比较重要程度而逐层评分，再运用计算判断矩阵的特征向量来衡量下层指标的相应权重和贡献程度，最终得出基层指标对总目标重要性的排列结果。

层次分析法的特征主要包括：

（1）系统性。通过层次分析法分解问题，对各因素间的关系进行判断。

（2）简易性。运用层次分析法，通过简单且易于操作的数学统计和逻辑分析，是定量与定性研究方法的结合使用，将问题进行分解，便于理解和推广。

（3）实用性。层次分析法较之其他方法更倾向于质性分析判断，在使用方法过程中，计算只需较少数据，分析主要依靠使用者的经验和主观判断，弥补定量分析方法的不足，在统计过程中呈现较强的实用性。

层次分析法的基本步骤包括：

第一，构建递阶层次结构模型。运用层次分析法对复杂问题的要素自上而下分解为目标层、准则层和指标层，下层影响上层，同一层级内各要素基本独立。其中，指标层是层次结构中的最下层，这一层是问题分解成的具体指标或备选方案；准则层为层次结构中的中间层，这一层有一个或一个以上的具体层次，层次数量由问题的复杂性决定，较之指标层，这一层次相对抽象；目标层为层次结构中的最高层，为决策的总体对象和应达到的总目标，与指标层和准则层相比，这一层次最为抽象，有且只有这一个因素。在递阶层次结构模型中的层次数目无具体数量限制，层次数量由问题的复杂性而定。由于同一层次要素的一致性会受到要素数量的影响，同一层次要素数量不宜超过 9 个，以免在构造判断矩阵时增加计算量。

综上，本章的目标层为创新能力 A；准则层为创新投入能力 B_1、创新营销能力 B_2、创新实施能力 B_3、创新管理能力 B_4、环境支撑能力 B_5；目标层为研发经费投入 C_{11}、研发人员投入 C_{12}、研发设备投入 C_{13}、市场信息获取

C_{21}、营销人员素质 C_{22}、营销模式构建 C_{23}、发明专利申请 C_{31}、创新产品价值 C_{32}、创新产品周期 C_{33}、创新文化建设 C_{41}、创新激励措施 C_{42}、企业领导能力 C_{43}、创新环境状况 C_{51}、政策支持力度 C_{52}、创新中介服务 C_{53}。

第二，构建比较判断矩阵。根据上述递阶层次结构模型，构建比较判断矩阵。在同一层次任意选取两个因素 y_i 和 y_j，比较两者对上一层次的影响，比较结果用 α_{ij} 表示。根据这种方法对同一层次上的各因素对上一层次因素的影响获取比值，并由此构建判断矩阵。矩阵中 y_i 与 y_j 的比值和 y_j 与 y_i 的比值互为倒数，即 $\alpha_{ij} = 1/\alpha_{ij}$。设 $A = (\alpha_{ij})_{n \times n}$ 为比较判断矩阵，其中，$\alpha_{ij} = 1(i = j)$，$\alpha_{ij} > 0$。用 $1 \sim 9$ 及其倒数作为标度表示 α_{ij} 的值，具体计分标准及含义见表 7-4。

表 7-4 计分标准及含义

标度	含义
1	y_i 与 y_j 具有同等重要性
3	y_i 与 y_j 前者比后者稍重要
5	y_i 与 y_j 前者比后者明显重要
7	y_i 与 y_j 前者比后者强烈重要
9	y_i 与 y_j 前者比后者极端重要
2，4，6，8	表示上述两个相邻判断的中间值
1，1/2，…，1/9	比较 y_j 比 y_i 的重要性程度

第三，层次单排序和一致性检验。计算比较判断矩阵中的最大特征根和特征向量，并进行一致性检验。其中，一致性检验通过 *CI* 和 *RI* 来反映矩阵偏离一致性的程度。假设 n 阶判断矩阵如下：

$$A = \begin{bmatrix} a_{11} & a_{12} & \cdots & a_{1n} \\ a_{21} & a_{22} & \cdots & a_{2n} \\ \vdots & \vdots & & \vdots \\ a_{n1} & a_{n2} & \cdots & a_{nn} \end{bmatrix} \quad (7-1)$$

第一步，计算比较判断矩阵 A 中的任一行的元素的积：

$$b_i = \sqrt[n]{\prod_{j=1}^{n} a_{ij}} \text{，其中 } i = 1, 2, \cdots, m. \qquad (7\text{-}2)$$

对 $b_i(i = 1, 2, \cdots, m)$ 进行归一化处理，获得指标权重：

$$w_j = b_j \Big/ \sum_{k=1}^{n} b_k \qquad (7\text{-}3)$$

第二步，计算比较判断矩阵的最大特征根 $\lambda_{\max}$。假设 $\lambda_{\max}$ 是比较判断矩阵的最大特征值，通过特征方程 $AW = \lambda_{\max} W$ 计算得出 $\sum_{i=1}^{n} a_{ji} \omega_j = \lambda_{\max} \omega_i$，得到：

$$\lambda_{\max} = \frac{1}{n} \sum_{i=1}^{n} \frac{\sum_{j=1}^{n} a_{ij} w_j}{w_i} \qquad (7\text{-}4)$$

第三步，计算一致性指标 CI 和一致性比率 CR：

$$CI = (\lambda_{\max} - n)/(n - 1) \qquad (7\text{-}5)$$

式中：n 为判断矩阵的阶数。$n = 2$ 时，无须一致性检验；$n > 2$ 时，可采用 CR 表示矩阵的一致性：

$$CR = CI/RI \qquad (7\text{-}6)$$

式中：RI 表示平均随机一致性指标，其对应的值见表 7-5。

表 7-5　平均随机一致性指标 RI 标准值

除数 n	1	2	3	4	5	6	7	8	9	10
RI	0	0	0.58	0.90	1.12	1.24	1.32	1.41	1.45	1.49

当 $CR < 0.1$，可认为判断矩阵满足一致性要求。

第四，层次总排序和一致性检验。层次总排序是在单排序的基础上，对各层的指标相对于总目标的综合权重进行计算，并进行一致性检验。具体如下：

$$CR = \frac{\sum_{i=1}^{n} a_i CI_i}{\sum_{i=1}^{m} a_i RI_i} \qquad (7\text{-}7)$$

式中：$CR < 0.1$ 时，表明层次总排序通过一致性检验。

7.4 常州生产性服务业企业创新能力指标体系的赋权

基于层次分析法，构建出常州生产性服务业企业创新能力评价指标体系递阶层次结构模型，然后整理归纳问卷调查法所得出的各指标得分，建立比较判断矩阵，并计算出判断矩阵的指标权重，进而计算准则层和指标层各指标的权重。

7.4.1 专家打分结果分析

在对同一层次指标进行两两比较判断重要性时，分别向在常州的生产性服务业企业和高等院校相关二级学院的 10 位专家发放调查问卷，对常州生产性服务业企业创新能力的各项指标相对重要程度进行评价，问卷设计的核心内容见表 7-6 和表 7-7。

表 7-6　关于准则层一级指标的问卷表格设计

项目	B_1-B_2	B_1-B_3	B_1-B_4	B_1-B_5	B_2-B_3	B_2-B_4	B_2-B_5	B_3-B_4	B_3-B_5	B_4-B_5
专家 1										
专家 2										
专家 3										
专家 4										
专家 5										
专家 6										
专家 7										
专家 8										
专家 9										
专家 10										
最终标度										

表 7-7　关于指标层二级指标的问卷表格设计

项目	C_1-C_2	C_1-C_3	C_2-C_3	C_4-C_5	C_4-C_6	C_5-C_6	C_7-C_8	C_7-C_9	C_8-C_9	$C_{10}-C_{11}$	$C_{10}-C_{12}$	$C_{11}-C_{12}$	$C_{13}-C_{14}$	$C_{13}-C_{15}$	$C_{14}-C_{15}$
专家 1															
专家 2															
专家 3															
专家 4															
专家 5															
专家 6															
专家 7															
专家 8															
专家 9															
专家 10															
最终标度															

从调研的生产性服务业公司中随机选取有丰富行业经验的专家 5 名；从常州高等院校中随机选取物流管理、交通运输管理、工程管理、房地产经济与管理、信息管理、国际贸易、市场营销等相关学科专业的教师 5 名。问卷回收率达 100%。在取得 10 份有效问卷后，根据收回的有效问卷进行汇总计算，得出准则层和指标层各指标两两比较的最终标度值，结果见表 7-8 和表 7-9。

表 7-8   关于准则层一级指标的专家打分标度值

项目	B_1-B_2	B_1-B_3	B_1-B_4	B_1-B_5	B_2-B_3	B_2-B_4	B_2-B_5	B_3-B_4	B_3-B_5	B_4-B_5
专家 1	5	2	3	6	0.33	2	0.33	2	5	3
专家 2	6	2	5	5	0.17	0.33	0.50	3	4	2
专家 3	8	4	0.50	6	0.25	0.20	0.33	2	5	3
专家 4	7	3	3	7	0.11	0.17	0.25	4	2	0.50
专家 5	8	0.50	3	8	0.13	0.20	0.33	2	3	3
专家 6	7	2	6	6	0.25	0.13	0.50	3	5	2
专家 7	9	2	4	2	0.17	0.13	0.20	2	3	0.17
专家 8	7	4	5	5	0.20	0.11	0.33	2	4	3
专家 9	6	3	4	3	0.11	0.20	3	2	3	2
专家 10	4	2	5	5	0.14	0.14	0.17	0.50	6	2
最终标度	6.70	2.45	3.85	5.30	0.19	0.36	0.59	2.25	4.00	2.07

7.4.2 层次单排序及一致性检验

基于上述统计数据，建立比较判断矩阵，计算各层次指标的权重及其一致性状态，结果见表 7-10～表 7-15。

表 7-9　关于指标层二级指标的专家打分标度值

项目	C_1-C_2	C_1-C_3	C_2-C_3	C_4-C_5	C_4-C_6	C_5-C_6	C_7-C_8	C_7-C_9	C_8-C_9	$C_{10}-C_{11}$	$C_{10}-C_{12}$	$C_{11}-C_{12}$	$C_{13}-C_{14}$	$C_{13}-C_{15}$	$C_{14}-C_{15}$
专家 1	3	5	2	4	2	2	0.20	0.33	2	0.14	0.5	3	0.33	2	6
专家 2	3	4	3	3	4	0.50	0.33	3	4	0.25	0.25	0.50	0.20	0.50	2
专家 3	2	2	0.20	3	3	0.25	0.17	0.50	5	0.20	3	0.33	0.50	2	3
专家 4	3	0.50	3	0.50	5	2	0.50	2	4	0.33	0.14	2	0.25	0.33	0.50
专家 5	4	3	2	2	0.33	3	0.50	0.20	5	0.25	0.20	3	3	3	4
专家 6	0.50	0.33	3	0.20	3	0.33	2	0.33	0.25	0.11	2	0.33	0.17	2	3
专家 7	2	4	0.5	4	0.14	2	0.20	3	4	0.17	0.33	4	0.20	0.50	0.33
专家 8	0.17	0.50	0.33	0.33	3	0.25	0.17	0.20	3	0.13	0.20	0.50	0.14	4	3
专家 9	0.50	2	2	3	0.13	0.13	0.11	0.33	2	0.33	0.17	0.50	0.33	3	2
专家 10	2	3	2	4	0.25	2	0.14	0.50	0.50	0.17	0.13	3	0.50	0.50	5
最终标度	2.02	2.43	1.80	2.40	2.09	1.25	0.43	1.04	2.98	0.48	0.70	1.44	0.33	2	6

表 7-10 关于目标 A 的准则层判断矩阵

常州生产性服务业企业创新能力 A	创新投入能力 B₁	创新营销能力 B₂	创新实施能力 B₃	创新管理能力 B₄	环境支撑能力 B₅	权重
创新投入能力 B₁	1.00	6.70	2.45	3.85	5.30	0.47
创新营销能力 B₂	0.15	1.00	0.19	0.36	0.59	0.05
创新实施能力 B₃	0.41	5.38	1.00	2.25	4.00	0.27
创新管理能力 B₄	0.26	2.77	0.44	1.00	2.07	0.14
环境支撑能力 B₅	0.19	1.68	0.25	0.48	1.00	0.08
一致性检验	$\lambda_{max}=5.06$，$CR=0.01<0.1$，满足一致性检验					

表 7-11 关于创新投入能力的指标层判断矩阵

创新投入能力 B₁	研发经费投入 C₁	研发人员投入 C₂	研发设备投入 C₃	权重
研发经费投入 C₁	1.00	2.02	2.43	0.44
研发人员投入 C₂	0.50	1.00	1.80	0.32
研发设备投入 C₃	0.41	0.55	1.00	0.24
一致性检验	$\lambda_{max}=3.10$，$CR=0.09<0.1$，满足一致性检验			

表 7-12 关于创新营销能力的指标层判断矩阵

创新营销能力 B₂	市场信息获取 C₄	营销人员素质 C₅	营销模式构建 C₆	权重
市场信息获取 C₄	1.00	2.40	2.09	0.45
营销人员素质 C₅	0.42	1.00	1.25	0.28
营销模式构建 C₆	0.48	0.80	1.00	0.27
一致性检验	$\lambda_{max}=3.09$，$CR=0.07<0.1$，满足一致性检验			

表 7-13 关于创新投入能力的指标层判断矩阵

创新实施能力 B₃	发明专利申请 C₇	创新产品价值 C₈	创新产品周期 C₉	权重
发明专利申请 C₇	1.00	0.43	1.04	0.27
创新产品价值 C₈	2.31	1.00	2.98	0.47

续表

创新实施能力 B_3	发明专利申请 C_7	创新产品价值 C_8	创新产品周期 C_9	权重
创新产品周期 C_9	0.96	0.34	1.00	0.26
一致性检验	$\lambda_{max}=3.11$，$CR=0.09<0.1$，满足一致性检验			

表7-14　关于创新投入能力的指标层判断矩阵

创新管理能力 B_4	创新文化建设 C_{10}	创新激励措施 C_{11}	企业领导能力 C_{12}	权重
创新文化建设 C_{10}	1.00	0.48	0.70	0.26
创新激励措施 C_{11}	2.07	1.00	1.44	0.41
企业领导能力 C_{12}	1.43	0.70	1.00	0.33
一致性检验	$\lambda_{max}=3.04$，$CR=0.04<0.1$，满足一致性检验			

表7-15　关于创新投入能力的指标层判断矩阵

环境支撑能力 B_5	创新环境状况 C_{13}	政策支持力度 C_{14}	创新中介服务 C_{15}	权重
创新环境状况 C_{13}	1.00	0.56	1.78	0.32
政策支持力度 C_{14}	1.78	1.00	2.88	0.45
创新中介服务 C_{15}	0.56	0.35	1.00	0.23
一致性检验	$\lambda_{max}=3.10$，$CR=0.08<0.1$，满足一致性检验			

　　为了便于之后的层次总排序指标权重计算，将以上各个层次指标权重进行汇总，具体内容见表7-16和图7-1~图7-6。

表7-16　各层次指标权重

一级指标（准则层）	权重	二级指标（指标层）	权重
创新投入能力 B_1	0.47	研发经费投入 C_1	0.44
		研发人员投入 C_2	0.32
		研发设备投入 C_3	0.24

续表

一级指标（准则层）	权重	二级指标（指标层）	权重
创新营销能力 B_2	0.05	市场信息获取 C_4	0.45
		营销人员素质 C_5	0.28
		营销模式构建 C_6	0.27
创新实施能力 B_3	0.27	发明专利申请 C_7	0.27
		创新产品价值 C_8	0.47
		创新产品周期 C_9	0.26
创新管理能力 B_4	0.14	创新文化建设 C_{10}	0.26
		创新激励措施 C_{11}	0.41
		企业领导能力 C_{12}	0.33
环境支撑能力 B_5	0.08	创新环境状况 C_{13}	0.32
		政策支持力度 C_{14}	0.45
		创新中介服务 C_{15}	0.23

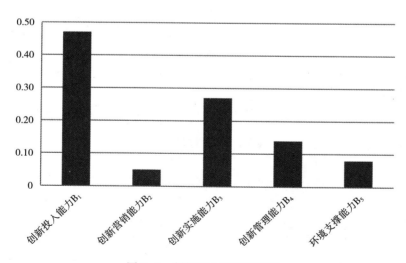

图 7-1　创新能力准则层权重

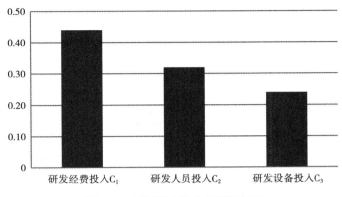

图 7-2　创新投入能力指标层权重

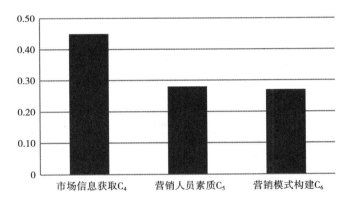

图 7-3　创新营销能力指标层权重

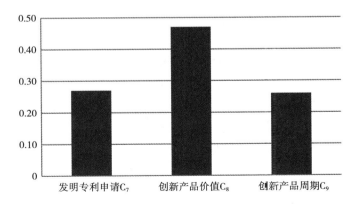

图 7-4　创新实施能力指标层权重

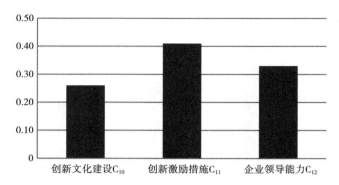

图 7-5　创新管理能力指标层权重

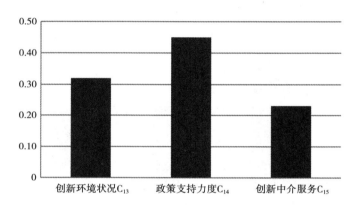

图 7-6　创新支撑能力指标层权重

7.4.3　层次总排序及一致性检验

利用上述计算结果，计算层次间的指标总排序，结果见表 7-17、表 7-18和图 7-7。同时，计算出 $CR=0.08<0.1$，说明计算结果具有很好的一致性。

表 7-17　创新能力指标层综合权重

评价指标	创新投入能力 B_1	创新营销能力 B_2	创新实施能力 B_3	创新管理能力 B_4	环境支撑能力 B_5	综合权重
	0.47	0.05	0.27	0.14	0.08	
研发经费投入 C_1	0.44	—	—	—	—	0.21

续表

评价指标	创新投入能力 B_1	创新营销能力 B_2	创新实施能力 B_3	创新管理能力 B_4	环境支撑能力 B_5	综合权重
	0.47	0.05	0.27	0.14	0.08	
研发人员投入 C_2	0.32	—	—	—	—	0.15
研发设备投入 C_3	0.24	—	—	—	—	0.11
市场信息获取 C_4	—	0.45	—	—	—	0.02
营销人员素质 C_5	—	0.28	—	—	—	0.01
营销模式构建 C_6	—	0.27	—	—	—	0.01
发明专利申请 C_7	—	—	0.27	—	—	0.07
创新产品价值 C_8	—	—	0.47	—	—	0.13
创新产品周期 C_9	—	—	0.26	—	—	0.07
创新文化建设 C_{10}	—	—	—	0.26	—	0.04
创新激励措施 C_{11}	—	—	—	0.41	—	0.06
企业领导能力 C_{12}	—	—	—	0.33	—	0.05
创新环境状况 C_{13}	—	—	—	—	0.32	0.03
政策支持力度 C_{14}	—	—	—	—	0.45	0.04
创新中介服务 C_{15}	—	—	—	—	0.23	0.02

表 7-18　创新能力指标层综合权重排序

评价指标	创新投入能力 B_1	创新营销能力 B_2	创新实施能力 B_3	创新管理能力 B_4	环境支撑能力 B_5	综合权重	排序
	0.47	0.05	0.27	0.14	0.08		
研发经费投入 C_1	0.44	—	—	—	—	0.21	1
研发人员投入 C_2	0.32	—	—	—	—	0.15	2
研发设备投入 C_3	0.24	—	—	—	—	0.11	4
市场信息获取 C_4	—	0.45	—	—	—	0.02	12
营销人员素质 C_5	—	0.28	—	—	—	0.01	14
营销模式构建 C_6	—	0.27	—	—	—	0.01	15
发明专利申请 C_7	—	—	0.27	—	—	0.07	5
创新产品价值 C_8	—	—	0.47	—	—	0.13	3

续表

评价指标	创新投入能力 B₁	创新营销能力 B₂	创新实施能力 B₃	创新管理能力 B₄	环境支撑能力 B₅	综合权重	排序
	0.47	0.05	0.27	0.14	0.08		
创新产品周期 C_9	—	—	0.26	—	—	0.07	6
创新文化建设 C_{10}	—	—	—	0.26	—	0.04	9
创新激励措施 C_{11}	—	—	—	0.41	—	0.06	7
企业领导能力 C_{12}	—	—	—	0.33	—	0.05	8
创新环境状况 C_{13}	—	—	—	—	0.32	0.03	11
政策支持力度 C_{14}	—	—	—	—	0.45	0.04	10
创新中介服务 C_{15}	—	—	—	—	0.23	0.02	13

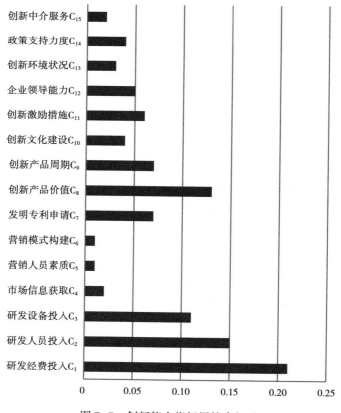

图 7-7　创新能力指标层综合权重

7.5　测度结果分析

根据综合权重表的结果发现，各指标中对常州生产性服务业企业创新能力的影响程度由高到低为研发经费投入、研发人员投入、创新产品价值、研发设备投入、发明专利申请、创新产品周期、创新激励措施、企业领导能力、创新文化建设、政策支持力度、创新环境状况、市场信息获取、创新中介服务、营销人员素质、营销模式构建。

从准则层权重分布来看，创新投入能力的权重最大，为 0.47，说明创新投入强度对创新能力具有十分重要的影响。其次是创新实施能力、创新管理能力，权重分别为 0.27、0.14，说明创新的实施效果和管理水平对创新能力也产生明显的促进作用。环境支撑能力和创新营销能力的权重分别为 0.08、0.05，说明环境支撑和创新营销对企业创新的影响程度较小。

进一步分析发现，创新投入能力中研发经费投入的权重最大，为 0.21，其次是研发人员投入（0.15），研发设备投入的权重最小（0.11），说明研发经费的投入对创新投入的影响最大。创新营销能力中市场信息获取的权重最大，为 0.02，营销人员素质和营销模式构建的权重相同，均为 0.01，说明市场信息的获取对于创新营销水平的提升最重要。创新实施能力中创新产品价值的权重最大，为 0.13，说明创新产品价值是创新实施的重要目标。创新管理能力中创新激励措施的权重最大，为 0.06，说明相关激励政策的制定和实施能够高效地提升创新管理能力。环境支撑能力中政策支持力度的权重最大，为 0.04，政策支持能够营造更好的外部创新环境，有助于企业提升自主创新能力。

7.6　本章小结

经济高质量发展的提出为生产性服务业企业提供了转型升级的新机遇，

推动生产性服务业企业高质量发展对于提升经济增长质量和国际市场竞争力具有极其重要的意义。生产性服务业企业是我国经济社会发展的重要力量，因此推动生产性服务业企业高质量发展是实现经济高质量发展的重要内容。而创新发展是生产性服务业企业高质量发展的核心动力，是提升综合国力的重要方式，是建设现代化产业体系的战略支撑。为此，有必要对常州生产性服务业企业创新能力进行研究，这是关系到新时代常州实现创新能力提升、产业优化升级和经济高质量发展的重要现实问题。

本章首先从创新投入、创新实施、创新营销、创新管理、环境支撑五个维度构建常州生产性服务业企业创新能力评价指标体系。然后，采用层次分析法测度常州生产性服务业企业创新能力评价指标的权重。研究发现，在常州生产性服务业企业创新能力的准则层中，创新投入能力的权重最高，为0.47，其次是创新实施能力、创新管理能力、环境支撑能力，所占权重分别为0.27、0.14、0.08，创新营销能力的权重最低，仅为0.05。在常州生产性服务业企业创新能力的指标层中，研发经费投入的权重最高，为0.21，其次是研发人员投入（0.15）、创新产品价值（0.13）、研发设备投入（0.11），营销人员素质和营销模式构建的权重最小，仅为0.01。

第8章

常州生产性服务业企业创新能力测度研究

基于上述研究结果，本部分通过实地走访，选取常州56家生产性服务业企业进行调研评价，并对指标结构采取百分制打分法进行评分，从而得出不同层次指标的评分值。

8.1 数据来源及说明

本章将租赁和商务服务业，批发和零售业，科学研究和技术服务业，房地产业，信息传输、计算机服务和软件业，交通运输、仓储及邮电通信业，金融业共7个行业合并作为生产性服务业，并从7个生产性服务业细分行业中分别随机选取8家企业作为研究对象，邀请专家对56家企业生产性服务业企业创新能力的指标体系进行打分。此外，根据上述测算出的生产性服务业企业创新能力指标权重对各指标进行赋权（表8-1）。

表8-1 生产性服务业企业创新能力指标权重

目标层	准则层	权重	指示层	权重
常州生产性服务业企业创新能力 A	创新投入能力 B_1	0.47	研发经费投入 C_1	0.21
			研发人员投入 C_2	0.15
			研发设备投入 C_3	0.11

续表

目标层	准则层	权重	指标层	权重
常州生产性服务业企业创新能力 A	创新营销能力 B_2	0.05	市场信息获取 C_4	0.02
			营销人员素质 C_5	0.01
			营销模式构建 C_6	0.01
	创新实施能力 B_3	0.27	发明专利申请 C_7	0.07
			创新产品价值 C_8	0.13
			创新产品周期 C_9	0.07
	创新管理能力 B_4	0.14	创新文化建设 C_{10}	0.04
			创新激励措施 C_{11}	0.06
			企业领导能力 C_{12}	0.05
	环境支撑能力 B_5	0.08	创新环境状况 C_{13}	0.03
			政策支持力度 C_{14}	0.04
			创新中介服务 C_{15}	0.02

8.2 指标综合得分结果分析

结合上述评价指标体系，对选取的生产性服务业企业的创新能力进行测度，并检验上述指标体系的合理性。同时，结合实证结果，找出常州生产性服务业企业创新发展存在的问题。本次评分中指标层各指标得分范围为 0~10 分。常州生产性服务业细分行业企业创新能力指标层评分见表 8-2~表 8-8。表 8-9~表 8-15 为常州生产性服务业细分行业企业创新能力指标层的得分。

表 8-2 常州租赁和商务服务企业创新能力指标层评分

指标层	租赁和商务服务企业 1	租赁和商务服务企业 2	租赁和商务服务企业 3	租赁和商务服务企业 4
研发经费投入 C_1	2	3	2	7
研发人员投入 C_2	2	3	2	2

续表

指标层	租赁和商务服务企业 1	租赁和商务服务企业 2	租赁和商务服务企业 3	租赁和商务服务企业 4
研发设备投入 C_3	2	6	2	4
市场信息获取 C_4	2	7	5	1
营销人员素质 C_5	3	5	5	1
营销模式构建 C_6	2	4	6	3
发明专利申请 C_7	2	1	1	7
创新产品价值 C_8	0	6	5	4
创新产品周期 C_9	1	2	3	2
创新文化建设 C_{10}	2	2	2	1
创新激励措施 C_{11}	3	2	1	2
企业领导能力 C_{12}	2	7	2	7
创新环境状况 C_{13}	2	2	4	5
政策支持力度 C_{14}	5	3	2	2
创新中介服务 C_{15}	5	3	7	0
指标层	租赁和商务服务企业 5	租赁和商务服务企业 6	租赁和商务服务企业 7	租赁和商务服务企业 8
研发经费投入 C_1	3	2	2	2
研发人员投入 C_2	1	2	5	2
研发设备投入 C_3	2	1	2	2
市场信息获取 C_4	2	7	5	1
营销人员素质 C_5	5	5	0	5
营销模式构建 C_6	2	2	4	9
发明专利申请 C_7	4	2	9	3
创新产品价值 C_8	5	4	6	9
创新产品周期 C_9	0	7	2	0
创新文化建设 C_{10}	3	2	4	2

续表

指标层	租赁和商务服务企业 5	租赁和商务服务企业 6	租赁和商务服务企业 7	租赁和商务服务企业 8
创新激励措施 C_{11}	5	2	2	4
企业领导能力 C_{12}	5	4	2	2
创新环境状况 C_{13}	2	2	2	3
政策支持力度 C_{14}	5	5	2	2
创新中介服务 C_{15}	3	3	4	2

表 8-3 常州批发和零售企业创新能力指标层评分

指标层	批发和零售企业 1	批发和零售企业 2	批发和零售企业 3	批发和零售企业 4
研发经费投入 C_1	4	1	2	3
研发人员投入 C_2	5	4	3	4
研发设备投入 C_3	3	4	4	1
市场信息获取 C_4	1	3	5	2
营销人员素质 C_5	4	2	2	4
营销模式构建 C_6	3	3	2	1
发明专利申请 C_7	1	2	3	3
创新产品价值 C_8	1	2	1	3
创新产品周期 C_9	2	1	3	3
创新文化建设 C_{10}	2	0	1	2
创新激励措施 C_{11}	3	2	1	1
企业领导能力 C_{12}	1	1	1	5
创新环境状况 C_{13}	3	4	1	2
政策支持力度 C_{14}	1	3	4	2
创新中介服务 C_{15}	1	2	1	3

续表

指标层	批发和零售企业 5	批发和零售企业 6	批发和零售企业 7	批发和零售企业 8
研发经费投入 C_1	1	3	3	5
研发人员投入 C_2	2	3	1	2
研发设备投入 C_3	2	2	3	2
市场信息获取 C_4	3	1	2	2
营销人员素质 C_5	1	3	1	4
营销模式构建 C_6	0	2	5	2
发明专利申请 C_7	3	3	3	3
创新产品价值 C_8	2	3	4	2
创新产品周期 C_9	2	2	3	0
创新文化建设 C_{10}	0	5	3	5
创新激励措施 C_{11}	3	3	2	2
企业领导能力 C_{12}	4	1	5	0
创新环境状况 C_{13}	1	3	2	1
政策支持力度 C_{14}	1	3	1	4
创新中介服务 C_{15}	1	1	1	1

表 8-4 常州科学研究和技术服务企业创新能力指标层评分

指标层	科学研究和技术服务企业 1	科学研究和技术服务企业 2	科学研究和技术服务企业 3	科学研究和技术服务企业 4
研发经费投入 C_1	6	5	5	6
研发人员投入 C_2	7	2	3	5
研发设备投入 C_3	2	5	6	5
市场信息获取 C_4	4	2	2	5
营销人员素质 C_5	6	5	1	4

续表

指标层	科学研究和技术服务企业 1	科学研究和技术服务企业 2	科学研究和技术服务企业 3	科学研究和技术服务企业 4
营销模式构建 C_6	5	6	3	4
发明专利申请 C_7	6	6	7	5
创新产品价值 C_8	5	3	7	7
创新产品周期 C_9	7	5	4	3
创新文化建设 C_{10}	6	3	6	4
创新激励措施 C_{11}	3	5	4	5
企业领导能力 C_{12}	3	2	4	5
创新环境状况 C_{13}	4	3	4	5
政策支持力度 C_{14}	3	5	4	5
创新中介服务 C_{15}	5	3	5	3
指标层	科学研究和技术服务企业 5	科学研究和技术服务企业 6	科学研究和技术服务企业 7	科学研究和技术服务企业 8
研发经费投入 C_1	7	6	5	3
研发人员投入 C_2	4	5	6	2
研发设备投入 C_3	3	6	5	6
市场信息获取 C_4	6	6	5	6
营销人员素质 C_5	7	4	4	5
营销模式构建 C_6	6	4	6	4
发明专利申请 C_7	5	5	6	7
创新产品价值 C_8	5	6	4	4
创新产品周期 C_9	5	6	7	6
创新文化建设 C_{10}	6	4	4	3

续表

指标层	科学研究和技术服务企业 5	科学研究和技术服务企业 6	科学研究和技术服务企业 7	科学研究和技术服务企业 8
创新激励措施 C_{11}	5	6	5	6
企业领导能力 C_{12}	5	7	6	5
创新环境状况 C_{13}	4	4	3	3
政策支持力度 C_{14}	6	5	4	5
创新中介服务 C_{15}	6	4	4	5

表 8-5　常州房地产企业创新能力指标层评分

指标层	房地产企业 1	房地产企业 2	房地产企业 3	房地产企业 4
研发经费投入 C_1	2	4	3	3
研发人员投入 C_2	3	5	4	4
研发设备投入 C_3	3	3	0	4
市场信息获取 C_4	2	2	5	4
营销人员素质 C_5	0	2	0	1
营销模式构建 C_6	3	4	5	0
发明专利申请 C_7	3	2	1	5
创新产品价值 C_8	4	4	7	3
创新产品周期 C_9	1	2	3	5
创新文化建设 C_{10}	2	5	2	3
创新激励措施 C_{11}	2	3	4	1
企业领导能力 C_{12}	3	2	4	5
创新环境状况 C_{13}	2	1	2	0
政策支持力度 C_{14}	1	1	2	1
创新中介服务 C_{15}	1	2	1	1

续表

指标层	房地产企业 5	房地产企业 6	房地产企业 7	房地产企业 8
研发经费投入 C_1	4	5	5	4
研发人员投入 C_2	5	3	5	3
研发设备投入 C_3	4	4	2	3
市场信息获取 C_4	3	5	7	7
营销人员素质 C_5	1	1	4	4
营销模式构建 C_6	2	4	5	5
发明专利申请 C_7	2	5	3	2
创新产品价值 C_8	5	8	5	9
创新产品周期 C_9	3	2	2	4
创新文化建设 C_{10}	2	3	5	6
创新激励措施 C_{11}	1	3	3	6
企业领导能力 C_{12}	3	5	1	0
创新环境状况 C_{13}	1	6	1	2
政策支持力度 C_{14}	1	1	1	3
创新中介服务 C_{15}	5	1	1	2

表 8-6　常州信息传输、计算机服务和软件企业创新能力指标层评分

指标层	信息传输、计算机服务和软件企业 1	信息传输、计算机服务和软件企业 2	信息传输、计算机服务和软件企业 3	信息传输、计算机服务和软件企业 4
研发经费投入 C_1	7	0	3	3
研发人员投入 C_2	2	5	3	6
研发设备投入 C_3	4	6	4	1
市场信息获取 C_4	1	4	5	4
营销人员素质 C_5	1	3	6	4

续表

指标层	信息传输、计算机服务和软件企业 1	信息传输、计算机服务和软件企业 2	信息传输、计算机服务和软件企业 3	信息传输、计算机服务和软件企业 4
营销模式构建 C_6	7	6	6	0
发明专利申请 C_7	5	2	5	6
创新产品价值 C_8	5	2	2	5
创新产品周期 C_9	0	0	6	7
创新文化建设 C_{10}	1	5	4	1
创新激励措施 C_{11}	5	6	4	3
企业领导能力 C_{12}	6	5	5	2
创新环境状况 C_{13}	2	5	5	3
政策支持力度 C_{14}	5	3	2	1
创新中介服务 C_{15}	4	5	1	0
指标层	信息传输、计算机服务和软件企业 5	信息传输、计算机服务和软件企业 6	信息传输、计算机服务和软件企业 7	信息传输、计算机服务和软件企业 8
研发经费投入 C_1	1	1	4	3
研发人员投入 C_2	3	1	3	5
研发设备投入 C_3	4	0	4	2
市场信息获取 C_4	6	4	0	3
营销人员素质 C_5	7	5	5	0
营销模式构建 C_6	3	3	5	1
发明专利申请 C_7	7	7	3	4
创新产品价值 C_8	2	4	6	7
创新产品周期 C_9	1	6	5	4
创新文化建设 C_{10}	5	7	6	5

续表

指标层	信息传输、计算机服务和软件企业 5	信息传输、计算机服务和软件企业 6	信息传输、计算机服务和软件企业 7	信息传输、计算机服务和软件企业 8
创新激励措施 C_{11}	0	3	4	2
企业领导能力 C_{12}	1	3	6	5
创新环境状况 C_{13}	5	1	5	3
政策支持力度 C_{14}	2	3	1	2
创新中介服务 C_{15}	0	2	0	1

表8-7 常州交通运输、仓储及邮电通信企业创新能力指标层评分

指标层	交通运输、仓储及邮电通信企业 1	交通运输、仓储及邮电通信企业 2	交通运输、仓储及邮电通信企业 3	交通运输、仓储及邮电通信企业 4
研发经费投入 C_1	4	1	3	2
研发人员投入 C_2	2	2	1	1
研发设备投入 C_3	5	2	3	5
市场信息获取 C_4	4	2	1	3
营销人员素质 C_5	1	4	1	3
营销模式构建 C_6	2	4	3	3
发明专利申请 C_7	6	2	3	3
创新产品价值 C_8	1	1	4	3
创新产品周期 C_9	2	4	4	0
创新文化建设 C_{10}	2	1	3	4
创新激励措施 C_{11}	3	3	3	0
企业领导能力 C_{12}	3	3	3	2
创新环境状况 C_{13}	2	0	1	1
政策支持力度 C_{14}	0	2	2	1
创新中介服务 C_{15}	1	1	1	2

续表

指标层	交通运输、仓储及邮电通信企业 5	交通运输、仓储及邮电通信企业 6	交通运输、仓储及邮电通信企业 7	交通运输、仓储及邮电通信企业 8
研发经费投入 C_1	2	7	4	2
研发人员投入 C_2	5	0	2	6
研发设备投入 C_3	0	3	3	2
市场信息获取 C_4	0	4	2	4
营销人员素质 C_5	1	1	5	0
营销模式构建 C_6	2	1	0	0
发明专利申请 C_7	2	3	6	1
创新产品价值 C_8	1	4	2	2
创新产品周期 C_9	3	1	5	4
创新文化建设 C_{10}	3	0	3	3
创新激励措施 C_{11}	0	2	5	2
企业领导能力 C_{12}	2	3	0	2
创新环境状况 C_{13}	3	2	1	4
政策支持力度 C_{14}	2	2	3	0
创新中介服务 C_{15}	3	1	1	1

表8-8 常州金融企业创新能力指标层评分

指标层	金融企业 1	金融企业 2	金融企业 3	金融企业 4
研发经费投入 C_1	2	5	4	3
研发人员投入 C_2	0	1	5	5
研发设备投入 C_3	2	3	1	2
市场信息获取 C_4	5	4	3	5
营销人员素质 C_5	2	0	2	1
营销模式构建 C_6	4	2	2	2

指标层	金融企业 1	金融企业 2	金融企业 3	金融企业 4
发明专利申请 C_7	1	5	5	1
创新产品价值 C_8	5	4	4	3
创新产品周期 C_9	3	6	1	3
创新文化建设 C_{10}	4	2	1	4
创新激励措施 C_{11}	2	2	1	3
企业领导能力 C_{12}	3	2	3	1
创新环境状况 C_{13}	2	3	1	2
政策支持力度 C_{14}	6	5	5	2
创新中介服务 C_{15}	5	4	1	1
指标层	金融企业 5	金融企业 6	金融企业 7	金融企业 8
研发经费投入 C_1	4	1	4	1
研发人员投入 C_2	3	2	1	3
研发设备投入 C_3	2	3	6	3
市场信息获取 C_4	4	1	1	0
营销人员素质 C_5	4	7	0	1
营销模式构建 C_6	4	2	1	0
发明专利申请 C_7	5	1	3	4
创新产品价值 C_8	3	0	2	3
创新产品周期 C_9	0	0	4	4
创新文化建设 C_{10}	1	1	3	6
创新激励措施 C_{11}	0	3	5	0
企业领导能力 C_{12}	0	2	3	0
创新环境状况 C_{13}	2	2	3	2
政策支持力度 C_{14}	3	1	1	0
创新中介服务 C_{15}	3	2	5	0

表 8-9 常州租赁和商务服务企业创新能力指标层得分

指标层	租赁和商务服务企业 1	租赁和商务服务企业 2	租赁和商务服务企业 3	租赁和商务服务企业 4
研发经费投入 C_1	0.42	0.63	0.42	1.47
研发人员投入 C_2	0.30	0.45	0.30	0.30
研发设备投入 C_3	0.22	0.66	0.22	0.44
市场信息获取 C_4	0.04	0.14	0.10	0.02
营销人员素质 C_5	0.03	0.05	0.05	0.01
营销模式构建 C_6	0.02	0.04	0.06	0.03
发明专利申请 C_7	0.14	0.07	0.07	0.49
创新产品价值 C_8	0.00	0.78	0.65	0.52
创新产品周期 C_9	0.07	0.14	0.21	0.14
创新文化建设 C_{10}	0.08	0.08	0.08	0.04
创新激励措施 C_{11}	0.18	0.12	0.06	0.12
企业领导能力 C_{12}	0.10	0.35	0.10	0.35
创新环境状况 C_{13}	0.06	0.06	0.12	0.15
政策支持力度 C_{14}	0.20	0.12	0.08	0.08
创新中介服务 C_{15}	0.10	0.06	0.14	0.00
指标层	租赁和商务服务企业 5	租赁和商务服务企业 6	租赁和商务服务企业 7	租赁和商务服务企业 8
研发经费投入 C_1	0.63	0.42	0.42	0.42
研发人员投入 C_2	0.15	0.30	0.75	0.30
研发设备投入 C_3	0.22	0.11	0.22	0.22
市场信息获取 C_4	0.04	0.14	0.10	0.02
营销人员素质 C_5	0.05	0.05	0.00	0.05
营销模式构建 C_6	0.02	0.02	0.04	0.09
发明专利申请 C_7	0.28	0.14	0.63	0.21

续表

指标层	租赁和商务 服务企业 5	租赁和商务 服务企业 6	租赁和商务 服务企业 7	租赁和商务 服务企业 8
创新产品价值 C_8	0.65	0.52	0.78	1.17
创新产品周期 C_9	0.00	0.49	0.14	0.00
创新文化建设 C_{10}	0.12	0.08	0.16	0.08
创新激励措施 C_{11}	0.30	0.12	0.12	0.24
企业领导能力 C_{12}	0.25	0.20	0.10	0.10
创新环境状况 C_{13}	0.06	0.06	0.06	0.09
政策支持力度 C_{14}	0.20	0.20	0.08	0.08
创新中介服务 C_{15}	0.06	0.06	0.08	0.04

表 8-10 常州批发和零售企业创新能力指标层得分

指标层	批发和零售 企业 1	批发和零售 企业 2	批发和零售 企业 3	批发和零售 企业 4
研发经费投入 C_1	0.84	0.21	0.42	0.63
研发人员投入 C_2	0.75	0.60	0.45	0.60
研发设备投入 C_3	0.33	0.44	0.44	0.11
市场信息获取 C_4	0.02	0.06	0.10	0.04
营销人员素质 C_5	0.04	0.02	0.02	0.04
营销模式构建 C_6	0.03	0.03	0.02	0.01
发明专利申请 C_7	0.07	0.14	0.21	0.21
创新产品价值 C_8	0.13	0.26	0.13	0.39
创新产品周期 C_9	0.14	0.07	0.21	0.21
创新文化建设 C_{10}	0.08	0.00	0.04	0.08
创新激励措施 C_{11}	0.18	0.12	0.06	0.06
企业领导能力 C_{12}	0.05	0.05	0.05	0.25
创新环境状况 C_{13}	0.09	0.12	0.03	0.06

续表

指标层	批发和零售企业 1	批发和零售企业 2	批发和零售企业 3	批发和零售企业 4
政策支持力度 C_{14}	0.04	0.12	0.16	0.08
创新中介服务 C_{15}	0.02	0.04	0.02	0.06
指标层	批发和零售企业 5	批发和零售企业 6	批发和零售企业 7	批发和零售企业 8
研发经费投入 C_1	0.21	0.63	0.63	1.05
研发人员投入 C_2	0.30	0.45	0.15	0.30
研发设备投入 C_3	0.22	0.22	0.33	0.22
市场信息获取 C_4	0.06	0.02	0.04	0.04
营销人员素质 C_5	0.01	0.03	0.01	0.04
营销模式构建 C_6	0.00	0.02	0.05	0.02
发明专利申请 C_7	0.21	0.21	0.21	0.21
创新产品价值 C_8	0.26	0.39	0.52	0.26
创新产品周期 C_9	0.14	0.14	0.21	0.00
创新文化建设 C_{10}	0.00	0.20	0.12	0.20
创新激励措施 C_{11}	0.18	0.18	0.12	0.12
企业领导能力 C_{12}	0.20	0.05	0.25	0.00
创新环境状况 C_{13}	0.03	0.09	0.06	0.03
政策支持力度 C_{14}	0.04	0.12	0.04	0.16
创新中介服务 C_{15}	0.02	0.02	0.02	0.02

表 8-11　常州科学研究和技术服务企业创新能力指标层得分

指标层	科学研究和技术服务企业 1	科学研究和技术服务企业 2	科学研究和技术服务企业 3	科学研究和技术服务企业 4
研发经费投入 C_1	1.26	1.05	1.05	1.26
研发人员投入 C_2	1.05	0.30	0.45	0.75

续表

指标层	科学研究和技术服务企业 1	科学研究和技术服务企业 2	科学研究和技术服务企业 3	科学研究和技术服务企业 4
研发设备投入 C_3	0.22	0.55	0.66	0.55
市场信息获取 C_4	0.08	0.04	0.04	0.10
营销人员素质 C_5	0.06	0.05	0.01	0.04
营销模式构建 C_6	0.05	0.06	0.03	0.04
发明专利申请 C_7	0.42	0.42	0.49	0.35
创新产品价值 C_8	0.65	0.39	0.91	0.91
创新产品周期 C_9	0.49	0.35	0.28	0.21
创新文化建设 C_{10}	0.24	0.12	0.24	0.16
创新激励措施 C_{11}	0.18	0.30	0.24	0.30
企业领导能力 C_{12}	0.15	0.10	0.20	0.25
创新环境状况 C_{13}	0.12	0.09	0.12	0.15
政策支持力度 C_{14}	0.12	0.20	0.16	0.20
创新中介服务 C_{15}	0.10	0.06	0.10	0.06
指标层	科学研究和技术服务企业 5	科学研究和技术服务企业 6	科学研究和技术服务企业 7	科学研究和技术服务企业 8
研发经费投入 C_1	1.47	1.26	1.05	0.63
研发人员投入 C_2	0.60	0.75	0.90	0.30
研发设备投入 C_3	0.33	0.66	0.55	0.66
市场信息获取 C_4	0.12	0.12	0.10	0.12
营销人员素质 C_5	0.07	0.04	0.04	0.05
营销模式构建 C_6	0.06	0.04	0.06	0.04
发明专利申请 C_7	0.35	0.35	0.42	0.49
创新产品价值 C_8	0.65	0.78	0.52	0.52
创新产品周期 C_9	0.35	0.42	0.49	0.42

续表

指标层	科学研究和技术服务企业 5	科学研究和技术服务企业 6	科学研究和技术服务企业 7	科学研究和技术服务企业 8
创新文化建设 C_{10}	0.24	0.16	0.16	0.12
创新激励措施 C_{11}	0.30	0.36	0.30	0.36
企业领导能力 C_{12}	0.25	0.35	0.30	0.25
创新环境状况 C_{13}	0.12	0.12	0.09	0.09
政策支持力度 C_{14}	0.24	0.20	0.16	0.20
创新中介服务 C_{15}	0.12	0.08	0.08	0.10

表 8-12　常州房地产企业创新能力指标层得分

指标层	房地产企业 1	房地产企业 2	房地产企业 3	房地产企业 4
研发经费投入 C_1	0.42	0.84	0.63	0.63
研发人员投入 C_2	0.45	0.75	0.60	0.60
研发设备投入 C_3	0.33	0.33	0.00	0.44
市场信息获取 C_4	0.04	0.04	0.10	0.08
营销人员素质 C_5	0.00	0.02	0.00	0.01
营销模式构建 C_6	0.03	0.04	0.05	0.00
发明专利申请 C_7	0.21	0.14	0.07	0.35
创新产品价值 C_8	0.52	0.52	0.91	0.39
创新产品周期 C_9	0.07	0.14	0.21	0.35
创新文化建设 C_{10}	0.08	0.20	0.08	0.12
创新激励措施 C_{11}	0.12	0.18	0.24	0.06
企业领导能力 C_{12}	0.15	0.10	0.20	0.25
创新环境状况 C_{13}	0.06	0.03	0.06	0.00
政策支持力度 C_{14}	0.04	0.04	0.08	0.04
创新中介服务 C_{15}	0.02	0.04	0.02	0.02

续表

指标层	房地产企业 5	房地产企业 6	房地产企业 7	房地产企业 8
研发经费投入 C_1	0.84	1.05	1.05	0.84
研发人员投入 C_2	0.75	0.45	0.75	0.45
研发设备投入 C_3	0.44	0.44	0.22	0.33
市场信息获取 C_4	0.06	0.10	0.14	0.14
营销人员素质 C_5	0.01	0.01	0.04	0.04
营销模式构建 C_6	0.02	0.04	0.05	0.05
发明专利申请 C_7	0.14	0.35	0.21	0.14
创新产品价值 C_8	0.65	1.04	0.65	1.17
创新产品周期 C_9	0.21	0.14	0.14	0.28
创新文化建设 C_{10}	0.08	0.12	0.20	0.24
创新激励措施 C_{11}	0.06	0.18	0.18	0.36
企业领导能力 C_{12}	0.15	0.25	0.05	0.00
创新环境状况 C_{13}	0.03	0.18	0.03	0.06
政策支持力度 C_{14}	0.04	0.04	0.04	0.12
创新中介服务 C_{15}	0.10	0.02	0.02	0.04

表 8-13 常州信息传输、计算机服务和软件企业创新能力指标层得分

指标层	信息传输、计算机服务和软件企业 1	信息传输、计算机服务和软件企业 2	信息传输、计算机服务和软件企业 3	信息传输、计算机服务和软件企业 4
研发经费投入 C_1	1.47	0.00	0.63	0.63
研发人员投入 C_2	0.30	0.75	0.45	0.90
研发设备投入 C_3	0.44	0.66	0.44	0.11
市场信息获取 C_4	0.02	0.08	0.10	0.08
营销人员素质 C_5	0.01	0.03	0.06	0.04

续表

指标层	信息传输、计算机服务和软件企业 1	信息传输、计算机服务和软件企业 2	信息传输、计算机服务和软件企业 3	信息传输、计算机服务和软件企业 4
营销模式构建 C_6	0.07	0.06	0.06	0.00
发明专利申请 C_7	0.35	0.14	0.35	0.42
创新产品价值 C_8	0.65	0.26	0.26	0.65
创新产品周期 C_9	0.00	0.00	0.42	0.49
创新文化建设 C_{10}	0.04	0.20	0.16	0.04
创新激励措施 C_{11}	0.30	0.36	0.24	0.18
企业领导能力 C_{12}	0.30	0.25	0.25	0.10
创新环境状况 C_{13}	0.06	0.15	0.15	0.09
政策支持力度 C_{14}	0.20	0.12	0.08	0.04
创新中介服务 C_{15}	0.08	0.10	0.02	0.00
指标层	信息传输、计算机服务和软件企业 5	信息传输、计算机服务和软件企业 6	信息传输、计算机服务和软件企业 7	信息传输、计算机服务和软件企业 8
研发经费投入 C_1	0.21	0.21	0.84	0.63
研发人员投入 C_2	0.45	0.15	0.45	0.75
研发设备投入 C_3	0.44	0.00	0.44	0.22
市场信息获取 C_4	0.12	0.08	0.00	0.06
营销人员素质 C_5	0.07	0.05	0.05	0.00
营销模式构建 C_6	0.03	0.03	0.05	0.01
发明专利申请 C_7	0.49	0.49	0.21	0.28
创新产品价值 C_8	0.26	0.52	0.78	0.91
创新产品周期 C_9	0.07	0.42	0.35	0.28
创新文化建设 C_{10}	0.20	0.28	0.24	0.20

指标层	信息传输、计算机服务和软件企业 5	信息传输、计算机服务和软件企业 6	信息传输、计算机服务和软件企业 7	信息传输、计算机服务和软件企业 8
创新激励措施 C_{11}	0.00	0.18	0.24	0.12
企业领导能力 C_{12}	0.05	0.15	0.30	0.25
创新环境状况 C_{13}	0.15	0.03	0.15	0.09
政策支持力度 C_{14}	0.08	0.12	0.04	0.08
创新中介服务 C_{15}	0.00	0.04	0.00	0.02

表 8-14　常州交通运输、仓储及邮电通信企业创新能力指标层得分

指标层	交通运输、仓储及邮电通信企业 1	交通运输、仓储及邮电通信企业 2	交通运输、仓储及邮电通信企业 3	交通运输、仓储及邮电通信企业 4
研发经费投入 C_1	0.84	0.21	0.63	0.42
研发人员投入 C_2	0.30	0.30	0.15	0.15
研发设备投入 C_3	0.55	0.22	0.33	0.55
市场信息获取 C_4	0.08	0.04	0.02	0.06
营销人员素质 C_5	0.01	0.04	0.01	0.03
营销模式构建 C_6	0.02	0.04	0.03	0.03
发明专利申请 C_7	0.42	0.14	0.21	0.21
创新产品价值 C_8	0.13	0.13	0.52	0.39
创新产品周期 C_9	0.14	0.28	0.28	0.00
创新文化建设 C_{10}	0.08	0.04	0.12	0.16
创新激励措施 C_{11}	0.18	0.18	0.18	0.00
企业领导能力 C_{12}	0.15	0.15	0.15	0.10
创新环境状况 C_{13}	0.06	0.00	0.03	0.03
政策支持力度 C_{14}	0.00	0.08	0.08	0.04
创新中介服务 C_{15}	0.02	0.02	0.02	0.04

续表

指标层	交通运输、仓储及邮电通信企业 5	交通运输、仓储及邮电通信企业 6	交通运输、仓储及邮电通信企业 7	交通运输、仓储及邮电通信企业 8
研发经费投入 C_1	0.42	1.47	0.84	0.42
研发人员投入 C_2	0.75	0.00	0.30	0.90
研发设备投入 C_3	0.00	0.33	0.33	0.22
市场信息获取 C_4	0.00	0.08	0.04	0.08
营销人员素质 C_5	0.01	0.01	0.05	0.00
营销模式构建 C_6	0.02	0.01	0.00	0.00
发明专利申请 C_7	0.14	0.21	0.42	0.07
创新产品价值 C_8	0.13	0.52	0.26	0.26
创新产品周期 C_9	0.21	0.07	0.35	0.28
创新文化建设 C_{10}	0.12	0.00	0.12	0.12
创新激励措施 C_{11}	0.00	0.12	0.30	0.12
企业领导能力 C_{12}	0.10	0.15	0.00	0.10
创新环境状况 C_{13}	0.09	0.06	0.03	0.12
政策支持力度 C_{14}	0.08	0.08	0.12	0.00
创新中介服务 C_{15}	0.06	0.02	0.02	0.02

表 8-15　常州金融企业创新能力指标层得分

指标层	金融企业 1	金融企业 2	金融企业 3	金融企业 4
研发经费投入 C_1	0.42	1.05	0.84	0.63
研发人员投入 C_2	0.00	0.15	0.75	0.75
研发设备投入 C_3	0.22	0.33	0.11	0.22
市场信息获取 C_4	0.10	0.08	0.06	0.10
营销人员素质 C_5	0.02	0.00	0.02	0.01
营销模式构建 C_6	0.04	0.02	0.02	0.02

续表

指标层	金融企业 1	金融企业 2	金融企业 3	金融企业 4
发明专利申请 C_7	0.07	0.35	0.35	0.07
创新产品价值 C_8	0.65	0.52	0.52	0.39
创新产品周期 C_9	0.21	0.42	0.07	0.21
创新文化建设 C_{10}	0.16	0.08	0.04	0.16
创新激励措施 C_{11}	0.12	0.12	0.06	0.18
企业领导能力 C_{12}	0.15	0.10	0.15	0.05
创新环境状况 C_{13}	0.06	0.09	0.03	0.06
政策支持力度 C_{14}	0.24	0.20	0.20	0.08
创新中介服务 C_{15}	0.10	0.08	0.02	0.02
指标层	金融企业 5	金融企业 6	金融企业 7	金融企业 8
研发经费投入 C_1	0.84	0.21	0.84	0.21
研发人员投入 C_2	0.45	0.30	0.15	0.45
研发设备投入 C_3	0.22	0.33	0.66	0.33
市场信息获取 C_4	0.08	0.02	0.02	0.00
营销人员素质 C_5	0.04	0.07	0.00	0.01
营销模式构建 C_6	0.04	0.02	0.01	0.00
发明专利申请 C_7	0.35	0.07	0.21	0.28
创新产品价值 C_8	0.39	0.00	0.26	0.39
创新产品周期 C_9	0.00	0.00	0.28	0.28
创新文化建设 C_{10}	0.04	0.04	0.12	0.24
创新激励措施 C_{11}	0.00	0.18	0.30	0.00
企业领导能力 C_{12}	0.00	0.10	0.15	0.00
创新环境状况 C_{13}	0.06	0.06	0.09	0.06
政策支持力度 C_{14}	0.12	0.04	0.04	0.00
创新中介服务 C_{15}	0.06	0.04	0.10	0.00

表 8-16 为常州生产性服务业细分行业企业创新能力综合得分，可以看出，在常州生产性服务业 7 个细分行业中，科学研究和技术服务企业的得分最高，为 5.01 分，其次依次是房地产企业（3.57 分），信息传输、计算机服务和软件企业（3.54 分），租赁合同商务服务企业（3.16 分），金融企业（2.75 分），交通运输、仓储及邮电通信企业（2.62 分），批发和零售企业（2.55 分），这表明常州科学研究和技术服务企业创新能力最高，批发和零售企业创新能力最低，但是 7 个生产性服务业细分行业的创新能力均不高，仍有较大的提升和发展空间（图 8-1）。

表 8-16　常州生产性服务业细分行业企业创新能力综合得分

细分行业企业	租赁和商务服务企业 1	租赁和商务服务企业 2	租赁和商务服务企业 3	租赁和商务服务企业 4	租赁和商务服务企业 5	租赁和商务服务企业 6	租赁和商务服务企业 7	租赁和商务服务企业 8
租赁和商务服务企业创新能力综合得分	1.96	3.75	2.66	4.16	3.03	2.91	3.68	3.11
细分行业企业	批发和零售企业 1	批发和零售企业 2	批发和零售企业 3	批发和零售企业 4	批发和零售企业 5	批发和零售企业 6	批发和零售企业 7	批发和零售企业 8
批发和零售企业创新能力综合得分	2.81	2.28	2.36	2.83	1.88	2.77	2.76	2.67
细分行业企业	科学研究和技术服务企业 1	科学研究和技术服务企业 2	科学研究和技术服务企业 3	科学研究和技术服务企业 4	科学研究和技术服务企业 5	科学研究和技术服务企业 6	科学研究和技术服务企业 7	科学研究和技术服务企业 8
科学研究和技术服务企业创新能力综合得分	5.19	4.08	4.98	5.33	5.27	5.69	5.22	4.35

续表

细分行业企业	房地产企业 1	房地产企业 2	房地产企业 3	房地产企业 4	房地产企业 5	房地产企业 6	房地产企业 7	房地产企业 8
房地产企业创新能力综合得分	2.54	3.41	3.25	3.34	3.58	4.41	3.77	4.26
细分行业企业	信息传输、计算机服务和软件企业 1	信息传输、计算机服务和软件企业 2	信息传输、计算机服务和软件企业 3	信息传输、计算机服务和软件企业 4	信息传输、计算机服务和软件企业 5	信息传输、计算机服务和软件企业 6	信息传输、计算机服务和软件企业 7	信息传输、计算机服务和软件企业 8
信息传输、计算机服务和软件企业创新能力综合得分	4.29	3.16	3.67	3.77	2.62	2.75	4.14	3.90
细分行业企业	交通运输、仓储及邮电通信企业 1	交通运输、仓储及邮电通信企业 2	交通运输、仓储及邮电通信企业 3	交通运输、仓储及邮电通信企业 4	交通运输、仓储及邮电通信企业 5	交通运输、仓储及邮电通信企业 6	交通运输、仓储及邮电通信企业 7	交通运输、仓储及邮电通信企业 8
交通运输、仓储及邮电通信企业创新能力综合得分	2.98	1.87	2.76	2.21	2.13	3.13	3.18	2.71
细分行业企业	金融企业 1	金融企业 2	金融企业 3	金融企业 4	金融企业 5	金融企业 6	金融企业 7	金融企业 8
金融企业创新能力综合得分	2.56	3.59	3.24	2.95	2.69	1.48	3.23	2.25

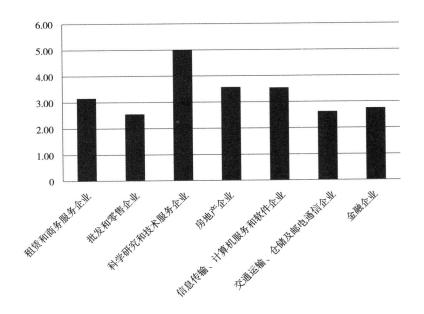

图 8-1　常州生产性服务业细分行业企业创新能力综合得分

8.3 常州生产性服务业企业创新发展存在的问题

随着改革开放的深入发展，我国生产性服务业企业发展迎来了巨大机遇，同时中美贸易摩擦、金融危机、新冠疫情等也对生产性服务业企业发展产生了严重冲击。常州生产性服务业企业具有良好的基础和优势，但是在自主创新过程中也面临着诸多困境和挑战。根据评价调查的结果，发现常州生产性服务业企业创新发展主要存在以下问题。

8.3.1　融资难度增加

融资困难是束缚常州生产性服务业企业创新发展的主要问题之一。对于企业创新而言，资金紧张问题在产品的研发阶段最为严重。目前常州生产性服务业企业创新资金投入相对缺乏，这在很大程度上阻碍了生产性服务业企业创新能力的提升。而生产性服务业企业融资难问题主要表现在融资环境差、融资渠道单一等方面。在融资环境上，常州生产性服务业企业资金普遍紧张，资本市场资金资源配置向超大企业和大型企业倾斜。在融资渠道上，常州生产性服务业企业主要以银行融资为主，且融资关系欠佳。

8.3.2 数字化水平不高

常州生产性服务业企业技术创新水平普遍不高，智能化水平、数字化水平较低，在质量、能耗、自动化方面与国外先进水平仍然存在较大差距。尤其是面临人民币升值、销售价格下滑、原辅材料价格上扬等诸多不利因素，常州生产性服务业企业技术装备的更新、升级等受到严重制约，数字化、智能化程度低，管理方式方法落后，造成企业市场竞争力下降，转型升级缓慢。

8.3.3 高技能人才缺乏

人才是生产性服务业企业创新发展的核心，但是常州生产性服务业企业的人才建设存在诸多问题，尤其是在人才引进方面更加突出。常州在经济发展、地理区位、产业结构、社会福利等方面明显优于其他地区，但是根据相关调查显示，常州在高技能人才引入方面与相邻城市差距较大，高技能人才的数量和比例偏低，严重影响生产性服务业企业的高效发展。

8.3.4 企业经营者自身素质不高

常州生产性服务业企业普遍存在技术水平低、诚信度低、资信情况不透明等问题，同时生产性服务业企业经营者自身素质不高，高层次的技术和管理人才匮乏，创新发展意识不强，缺乏对创新资源的合理配置，且对现代融资方式和金融工具缺乏了解，直接影响了生产性服务业企业的可持续发展。

8.3.5 科技成果转化率低

科技成果转化的根本目标是将科学技术转化为现实生产率。市场机制本身存在的缺陷，造成常州生产性服务业企业的科技成果难以有效转化为生产力，对科技转化率的提升作用十分有限。同时，在知识产权保护、市场营销环境、创新支撑体系等方面投入力度也有待提升。

8.3.6　集群发展缓慢

当前，世界多极化、经济全球化加快发展，全球产业分工格局正在重塑。而常州生产性服务业企业与上海、浙江、广东及国际上的日本、欧美一直保持广泛合作关系，但生产性服务业企业在本地区内的关联度很小，企业间缺乏上下游配套协作、共享共担的抱团发展机制，难以形成集群发展。

8.4　本章小结

本章利用生产性服务业企业创新能力评价指标体系及权重，选取常州生产性服务业企业进行创新能力评价，并总结常州生产性服务业企业创新发展中存在的问题，从而提出常州生产性服务业企业创新能力的提升路径。通过对常州生产性服务业细分行业企业创新能力进行评价，分析常州生产性服务业企业创新发展存在的问题，如融资难度增加、数字化水平不高、高端人才缺乏、企业经营者自身素质不高、科技成果转化率低、协同配套不够等，提出加强企业融资支持、推动数字化转型、引进高技能人才、加快科技成果转化、培养创新型企业文化、培育企业自主品牌、促进企业集聚发展等提升常州生产性服务业企业创新能力的有效路径。

第9章

研究结论与政策建议

9.1 研究结论

　　经济高质量发展作为我国整体高质量发展的重要组成部分，直接关系到我国高质量发展全局，是适应我国社会主要矛盾变化、全面建成小康社会和全面建设社会主义现代化国家的必然要求。而经济高质量发展的提出为我国生产性服务业提供了转型升级的新机遇，推动生产性服务业高质量发展对于提升国家综合实力具有极其重要的意义。常州作为长三角经济带苏锡常的核心城市，综合经济竞争力和环境竞争力在全国排名均靠前。面对新冠肺炎疫情冲击和严峻复杂的国内外环境，常州统筹推进疫情防控和经济社会发展，"六稳""六保"有力有效，经济运行持续向好。而生产性服务业企业在促进经济增长、激发内需潜力、增加社会就业、科技创新与社会和谐稳定等方面具有不可替代的作用，是我国国民经济和社会发展的重要力量，因此推动生产性服务业企业高质量发展是实现经济高质量发展的重要组成部分。常州生产性服务业企业发展存在创新能力薄弱、动能转化乏力、绿色发展缓慢、共享程度偏低等问题，发展质量亟待进一步提升。为此，有必要对常州生产性服务业企业高质量发展水平进行研究，找出阻碍常州生产性服务业企业高质量发展水平提升的主要因素，这是关系到新时代常州如何培育经济新动能和新增长点，实现转变发展方式、经济结构优化的重要现实问题。而创新发展是生产性服务业企业高质量发展的核心动力，是提升综合国力的重要方式，是建设现代化产业体系的战略支撑。为此，有必要对常州生产性服务业企业创新能力进行研究，这是关系到新时代常州实现创新能力提升、产业优化升级和经济高质量发展的重要现实问题。

（1）常州经济高质量发展水平不高。在经济高质量发展的大背景下，本章基于五大发展理念系统阐释经济高质量发展的内涵，在此基础上从创新驱动、区域协调、绿色建设、共享发展、经济开放五大维度分析常州经济高质量发展现状及存在的问题，并提出相应的政策建议。研究表明，常州经济发展仍然存在创新动力不足、能耗和环境污染加重、发展不均衡、开放程度不高、医疗教育资源利用率低等问题，经济发展质量仍有待进一步提升。据此，提出促进常州经济高质量发展的对策建议，这些政策建议对推动常州经济全面转型升级等经济工作实施和经济政策落实，以及丰富高质量发展对策和为其他城市经济高质量发展提供常州智慧和常州力量，都具有十分重要的价值和战略意义。

（2）常州生产性服务业企业高质量发展水平有待提升。在明晰生产性服务业企业高质量发展内涵的基础上，从创新驱动、效益提升、绿色发展、对外开放、社会共享五个维度构建常州生产性服务业企业高质量发展评价指标体系，本章在明晰生产性服务业企业高质量发展内涵的基础上，基于全面性与协同性结合原则、科学性与前瞻性结合原则、简明性与可得性结合原则、普遍性与特殊性结合原则、从创新驱动、效益提升、绿色发展、对外开放、社会共享五个维度构建常州生产性服务业企业高质量发展评价指标体系，其中创新驱动包括：创新投入、创新产出、创新保障；效益提升包括：盈利能力、偿债能力、发展能力、经济效率；绿色发展包括：能源消耗、环境规制；对外开放包括：对外投资、对外贸易、利用外资；社会共享包括：社会价值、员工权益。并采用 AHP-熵权组合赋权法对常州生产性服务业企业高质量发展水平进行测算。研究结果表明，常州不同类型生产性服务业企业高质量发展水平存在明显差异，其中，租赁和商务服务企业高质量发展水平最高，主要凭借较高的对外开放和社会共享水平；其次是批发和零售企业，科学研究和技术服务企业，房地产企业，信息传输、计算机服务和软件企业，交通运输、仓储及邮电通信企业；金融企业高质量发展水平最低，主要原因是由于在对外开放方面表现较差。常州高端生产性服务业企业的高质量发展水平要高于低端生产性服务业企业，且高端生产性服务业企业在强化创新驱动、提升经济效益、加快绿色发展、促进社会共享方面均要优于低端生产性服务业企业。

（3）常州生产性服务业企业创新能力整体偏低。在常州生产性服务业企业创新能力的准则层中，创新投入能力的权重最高，为0.47，其次是创新实施能力、创新管理能力、环境支撑能力，所占权重分别为0.27、0.14、0.08，创新营销能力的权重最低，仅为0.05。在常州生产性服务业企业创新能力的指标层中，研发经费投入的权重最高，为0.21，其次是研发人员投入（0.15）、创新产品价值（0.13）、研发设备投入（0.11），营销人员素质和营销模式构建的权重最小，仅为0.01。通过对常州生产性服务业细分行业企业创新能力进行评价，分析常州生产性服务业企业创新发展存在的问题，如融资难度增加、数字化水平不高、高端人才缺乏、企业经营者自身素质不高、科技成果转化率低、协同配套不够等。

9.2 政策建议

9.2.1 推进常州经济高质量发展的政策建议

一是高效推动科技创新，构建战略科技机制。科技工作本质是人的创造性活动。创新人才的积极性和创造性需要良好的制度环境支撑。一方面下放科技成果处置权，建立健全成果评估机制和成果转化模式，强化创新人才在科技转化中的主体地位；另一方面构建激励和保障机制，实施以知识价值为导向的分配政策，提升成果转化收益分红比例，激发创新人才对技术创新与成果转化的动力。同时，发挥领军型大企业、高校及科研院所在技术创新中的主力军作用。鼓励领军型大企业建立高水平研究机构，组建核心技术攻坚团队，健全内部产品研发与成果转化机制。同时，强化高校的基础学科建设源头作用，推动产教研融合创新，重点攻坚基础研究、关键共性技术、前沿颠覆性技术等难题。此外，构建科学合理的财税体系。优化科技财政投入，不断加强对基础研究的支持力度。围绕高质量发展要求，明确关键共性技术名录，增强关键节点和专业领域的创新动能。财政资金向重大专项中最需要、制约最大的领域倾斜，充分发挥国家重大专项"推进器"作用，并调整税收优惠政策，降低门槛、放松条件、扩展范围、重心前移，激发税收优惠对创新的激励作用。

二是深入促进协调发展，健全均衡协同发展机制。首先，巩固实体经济基础地位。实体经济是我国经济发展的命脉，是经济发展的根基。因此，需要在以下几个方面加大投入：第一，坚持创新驱动发展，提高企业自主创新能力。众多研究均指出制造业作为实体经济的主体，根本手段和基本模式就是将创新、技术、知识转化为生产力。因此，要不断推进创新驱动发展、提高生产效率水平。此外，企业在提升自身创新能力的同时，也要增强与国内外企业间的交流和沟通，实现产业联动发展、加强国际竞争力。第二，壮大先进制造业集群，培育领军"智造"企业。先进制造业在一定程度上反映一个国家或地区抢占产业未来发展的制高点。立足常州特色优质产业，培育引领链、壮大主导链、提升特色链，以链促群，重点形成汽车零部件、信息技术、新能源、生物医药、新型纺织等先进制造业集群。同时推进"互联网+"带动传统产业向现代服务业转型，培育一批自主创新能力强、品牌知名度高、资源整合能力领先的领军企业，促进"常州制造"向"常州智造"升级。第三，发展高端生产性服务业，加速形成产业集群。生产性服务业与制造业具有协同定位特征和较强的相互依赖关系。因此，引导建立有专门服务制造业集群的政策支撑体系，开发建设城市商务服务区、公共服务平台等。并鼓励企业内部建立长远的知识产权保护机制，发展和优化高端生产性服务业的制度环境。同时完善生产性服务业从业人员教育培训和人才开放政策，不断提高从业人员的职业技能和综合素养。

　　三是加快推进新型城镇化建设。常州要制定新型城镇化发展目标，根据经济社会发展和资源环境状况保持适当城镇化速度，明确城镇化用地规模与水平，调整优化城市发展空间格局，合理分布城市功能体系，从而实现新型城镇化的可持续发展。同时推进城乡一体化建设，完善城乡一体的基础设施网络，缩小城乡间有形基础设施和无形信息网络差距，使区域、城乡之间的资源、信息和人口能够自由流动。此外，深化监督管理制度改革，建立城乡一体的土地制度，进一步开放劳动力市场，完善社会保障制度，完善政绩考核、问责、追责制度。

　　四是加快绿色经济发展，坚持走可持续发展道路。绿色发展是指导中国生态文明建设的核心理念，也是中国未来经济发展的主导方向。绿色发展将成为中国经济发展的新常态，因此常州要实现绿色发展，需要做到以下几点：第一，加强污染治理，强化监督管理；第二，加快出台有效的环境保护政策，通过深化体制改革、加强环境污染监管等方式，促进环境保护、资源节约和经济发展的高度协调。重点治理大气污染、水污染，严格控制污染源与排放量，并实行全市范围的环境质量和污染源检测，重点监督制造业污染物排放水平，加快高污染、高耗能企业转型速度；第三，提高污染治理资金的使用效率，加强资金使用的规范性、有效性和安全性，并适度增加对绿色环保行业的财政投入水平；第四，提高绿色技术水平，扶持绿色技术产业，奖励和支持绿色技术研发的企业或个人，同时搭建绿色技术共享平台，促进研究成果转化；第五，改善本地区能源消费结构，利用地理位置和自然资源优势，大力开发风能、太阳能等新能源，降低煤炭等化石能源的消费比重。同时，在城镇化建设进程中要避免大规模的环境污染，重视环境质量的日益改善。

　　五是全面实施开放政策，构建开放新发展格局。常州要促进产业结构优化升级，形成全面开放新格局。以当地主要产业为基础，大力发展新能源、新材料、生物医药、高端装备制造、网络通信等优势产业，加快发展生产性服务业和互联网产业，进而优化出口商品结构，实现区域产业结构转型升级，提高区域外贸竞争力，营造良好的产业发展环境。同时，继续扩大开放规模，提高外贸发展效益；不断引进优质外资资本，促成高新技术产业落地，提高开放经济对地方经济高质量发展的贡献度。此外，提高产品品质，打造世界品牌。针对区域外经济形势影响，要拥有更加稳定的世界市场份额，就要以更加开放的眼光和聚焦的力量来提升产品质量和打造自我品牌，实现从价格竞争到品质竞争、从规模效应到品牌名牌效应的转变。

常州要弘扬地方特色文化，畅通国内国际双循环。文化和旅游是促进国民经济增长的重要引擎。一方面扎根地方特色文化，讲好常州故事。充分发挥政策制度的引导、规范、支持、保障作用，通过组建常州特色文化大师联盟、建设地方特色文化传播平台、多方位展示地方特色文化等策略把握地方文化发展方向。另一方面，加强旅游基础配套设施与服务，不断改善景区生态环境。大力发展交通、通信、能源等技术设施建设，提高景区管理水平和服务人员素质，促进文化和旅游消费提质升级，提高旅游公共服务能力。同时，增强旅游信息服务建设，加大宣传力度。此外，加强保护景区各类动植物和原始地形地貌，控制景区周边污染物排放，保持景区游客数量在合理容量区间。

六是优化社会共享环境，促成社会共建共享格局。常州要推动卫生健康事业的高质量发展。首先，制定科学的卫生健康发展规划，缩小区域间卫生健康发展差距，促进区域间卫生健康均衡发展。其次，优化区域间资源配置，补齐医疗卫生资源配置短板。对感染科、重症监护室等面向公共卫生突发状况特征的科室加大财政支持力度，提升医务人员对于传染病防治工作的感知度，扭转"重医疗、轻预防"的医疗卫生资源配置格局。进一步提高能级，以增量带动存量改革，完善城乡医疗卫生资源布局，积极推动优质医疗资源扩容下沉。针对人力资源配置水平较低的地区给予政策支持和财政补贴，创新人才引进政策和薪酬管理制度，吸引和留住卫生人才。然后，加强人民健康教育和健康管理。开展各类各级健康教育，提高居民健康素养，加强区域内健康科普知识传播平台建设。最后，统筹发展医疗卫生事业。不断改进智慧医疗，合理利用健康大数据、统一数据交换平台，实现信息有效共享和地方疾病的动态监测。

常州要加快促进教育均衡发展。具体包括：统筹区域间教育协同发展，满足不同学校、群体或区域间需求的同时实现区县、城乡、校际间的协同发展。积极构建地方特色的特色基础教育体系，优化地区教育的顶层设计任务；促进教育平稳可持续发展，深化教育体制改革。教师作为教育可持续发展的核心力量，应该大力培养本土化、专业化教师，实施绩效工资制、安居工程等教师引进措施吸引优质高校毕业生；促进教育资源利用效率最大化，利用"互联网+"开展教育共享战略，扩大优质教育覆盖面；加大财政支出中教育支出比例，完善学校软硬件条件，提高教育资源利用效率；多元开放接轨国际，促进国内外教育资源流动，提高教育国际化水平，共建共享教育资源，满足区域国际化教育发展需要；促使教育成果普惠大众，教育服务供给侧改革，缩小区县、城乡和校际间教育发展差距。同时，增加集团化办学经费和师资保障力度，大力培养乡村骨干教师，保障城市外来人口子女义务教育的权利，帮扶特殊困难家庭接受教育援助。

9.2.2 推进常州生产性服务业企业高质量发展的政策建议

在新时期，常州要立足本市实际情况，采取切实有效的政策措施，推动生产性服务业企业向质量提升的内涵式发展转型，充分发挥不同类型和层级生产性服务业企业对经济高质量发展的促进作用。因此，提出以下政策建议：

一是加强生产性服务业企业转型升级，着力实施创新驱动发展战略。常州生产性服务业企业要根据国家高质量发展战略部局，以高质量发展要求和新发展理念为指导，制定质量提升系统规划，把握质量提升的关键点。在确保效益提升基本稳定的前提下，促使创新成为驱动企业效益提升的内生动力，以提质增效为目标导向，不断优化要素结构，进一步探索生产性服务业企业高质量发展新模式。一方面，生产性服务业企业要建立内部创新体系和创新成果转化机制，对创新人才、创新资本等创新要素结构进行优化；另一方面，企业要积极构建企业外部创新合作机制，增强与高等院校、科研院所的交流合作，发挥开放式协同创新优势。

二是不断提高生产性服务业企业运转效率，增强高质量社会责任管理。常州生产性服务业企业要积极推进新技术、新材料的开发应用，拓展信息化应用的深度和广度，进一步推动生产要素和生产模式升级，全面提高生产性服务业企业智能化水平，从而不断提升生产效率。并且持续深化对外开放合作，汲取经验、更新理念，加快融入全球产业价值链。此外，政府部门积极倡导企业承担社会责任，对社会贡献突出的生产性服务业企业给予奖励。生产性服务业企业要将社会责任、员工权益纳入高质量发展规划，并且贯穿于整个生产经营活动中，同时要制定长久性社会责任公约，定期发布企业社会责任报告，将企业高质量发展与社会共享深度融合，塑造良好企业形象。

三是制定区域生产性服务业企业发展规划，发挥空间集聚的外溢效应。常州生产性服务业企业要加强与其他城市生产性服务业企业间的合作互动，构建分工合作、优势互补、协同发展的格局。政府部门要有序减少地方保护主义和市场封锁，消除因行政区划所造成的要素流动的体制性障碍，加快建立区域生产性服务业经济一体化市场。尤其是金融业等生产性服务业的发展要更多惠及非国有企业和民营企业，有效发挥市场在资源配置中的主导作用。此外，要陆续将部分生产性服务业企业有序向周边区域转移，有效发挥对周边区域的溢出效应和辐射效应。

四是选择适宜生产性服务业企业发展模式，促进良性竞争与合作。常州要侧重生产性服务业企业的多样化、高端化发展，建立综合性、多样性的生产性服务中心，并合理分散能耗高、效率低的低端生产性服务业企业。合理采用金融业，信息传输、计算机服务和软件业，科学研究和技术服务业等高端生产性服务业多样化集聚模式，实现城市功能转型。同时，要推进产业结构高级化，形成一批配套设施完善的工业园区和服务业基地，以满足对高端化生产性服务业企业的需求。此外，引导企业良性竞争和合作，防止同质化恶性竞争，并建立有效的劳动力转移预警机制，以提升资源利用效率和配置能力，推动地方经济绿色健康发展。

　　五是推动生产性服务业企业与下游企业融合，深化上下游企业分工协作。生产性服务业和制造业之间存在较强的关联性，制造业的需求可以加快生产性服务业集聚发展，而生产性服务业集聚发展可以推动制造业向高端化、智能化和低碳化转型。常州要科学规划生产性服务业企业和制造企业互动发展的运行体系，着重加强两者之间的关系互动融合。在地理空间上，加快制造企业集聚区周边的生产性服务业企业发展，建立生产性服务业企业与制造企业双重集聚的产业园区。同时，要促进生产性服务业企业与上下游关联企业的互动，增加农业、工业和其他服务业中间投入品的比重。如建立以科技物流运输、产品销售、信贷保障为主体的现代农村生产服务体系；构建战略性新兴产业所需的生产性服务业配套，实现产业协同发展。

　　六是完善生产性服务业企业政策体系，增强生产性服务业企业知识溢出。常州要完善政策体系，消除负面因素，逐步改善生产性服务业企业外部发展环境。地方政府要将生产性服务业企业作为重点扶持企业，在财税和金融等方面给予更大的支持。同时要构建公开、透明、规范的市场监督机制，加强市场监管力度和范围，创造良好的市场环境。此外，要改善知识溢出的渠道和方式，从而充分发挥生产性服务业集聚规模效应和溢出效应。一方面，应建立多层次的人力资源开发体系，重视培养与生产性服务业企业有关的研发人才和技术人才。另一方面，支持建立工程中心、技术中心和实验室等科创平台，并构建以科技中介机构为核心的科技服务体系，摆脱科技研发与生产活动脱离的局面。

9.2.3　推进常州生产性服务业企业创新发展的政策建议

　　一是提高政策扶持力度，加强企业融资支持。常州要完善生产性服务业行业相关的政策体系，消除负面因素，不断优化生产性服务业企业外部发展环境。要将生产性服务业企业作为重点扶持企业，在财税和金融等方面给予更大的支持。同时要构建公开、透明、规范的市场监督机制，加强市场监管力度和范围，创造有利于创新发展的市场环境。同时，要建立起针对生产性服务业企业发展的多层次、全方位的融资体系，推动生产性服务业企业开展技术研发和创新成果转化。

二是提高数字化水平，促进技术设备更新换代。数字化转型是企业创新活动的重要基础。随着大数据、物联网、云计算、人工智能等新一代信息技术的不断发展，生产性服务业企业必须顺应数字经济时代要求，深刻理解推进企业数字化转型的必要性和紧迫性，加快数字化转型进程。常州要支持生产性服务业企业加大技术装备投入，提高数字化转型速度，从而提高企业的市场竞争优势，发挥数字经济对经济发展的倍增作用。此外，培养各具特色的服务产品优势和国际品牌，以优质的创新服务产品引领企业健康发展。

三是建立人才激励机制，大力引进高技能人才。人才是生产性服务业企业创新的关键。市场竞争归根到底是人才的竞争。常州要加大人才引进力度，尤其是具备综合素质、管理能力和关键技术的人才，以优化企业人员组成结构。创造有利的人才发展环境，建立健全技术创新的激励机制，激发优秀人才的创新潜能和主观能动性。同时，加大创新人才培养力度，加强企业创新人才的专业技能培训，并拓宽科研人员的研究领域和技术专长。

四是加快科技成果转化，提高创新活动效益。完善知识产权保护机制是企业创新活动的重要支撑。加强知识产权体系建设，不仅能够提高企业技术人员参与创新活动的积极性，保障创新活动的成果不受侵害，而且有效扩大技术创新活动的领域和范围。在公平的市场环境中，通过建立创新成果转化机制，维护技术创新规则的严肃性，避免垄断现象发生。同时，创造良好的市场营销环境，通过拓宽市场信息获取渠道，有针对性地开展创新活动，提高创新产品的社会价值和实用价值，避免盲目生产，从而提高创新产品的市场占有率。

五是培养创新型企业文化，营造良好创新环境。企业文化创新是企业开展创新活动的动力源泉。企业领导者通过支持和鼓励创新，积极塑造企业的创新价值观，营造浓厚的创新氛围，从而不断提高企业成员的创新意识和创新积极性，有助于促进企业的技术创新。常州生产性服务业企业要结合市场环境及自身发展情况，选择合适的创新发展战略，明确技术创新的方向，合理配置创新资源，增强创新观念。在进行技术创新活动的同时要使企业文化与之相适应，同时积极推进学习型组织的建设，形成具有创新导向的组织氛围，进而保证技术创新活动取得理想成果。

六是健全创新支撑体系，培育企业自主品牌。常州要积极构建生产性服务业企业的外部创新合作机制，促进企业与高校、科研院所及中介服务机构等展开深入合作，加强技术交易市场和信息服务机构的建设，并通过加强基础设施建设来降低企业技术创新初期壁垒，从而为生产性服务业企业开展创新活动提供支撑。同时，增强生产性服务业企业的品牌意识，加大对民族品牌的宣传推广和扶持力度，并扶持具有自主知识产权和自主品牌的企业发展。

七是促进企业集聚发展，增强知识溢出效应。常州生产性服务业企业要支持和鼓励企业集聚发展，促进生产性服务业企业与上下游行业企业的协同集聚，并加强与相邻城市生产性服务业企业之间的合作和交流，构建优势互补、协同发展的分工合作格局。政府部门要有序减少地方保护主义和市场封锁，消除因行政区划所造成的要素流动的体制性障碍，加快培育形成生产性服务业集群。同时，要构建企业交流平台，增强企业之间的合作，促进企业集群中的知识溢出，并改善知识溢出的渠道和方式。一方面，重视培养与纺织业有关的研发创意人才和专门技术人才；另一方面，支持建立工程中心、技术中心和实验室等科创平台，并构建以科技中介机构为核心的科技服务体系，摆脱科技研发与生产活动脱离的局面。

9.3 本章小结

根据研究结论，结合常州经济发展现状，提出促进常州经济高质量发展的政策建议，提出常州生产性服务业企业高质量发展可操作性的政策建议，并提出提高常州生产性服务业企业创新能力的有效路径。具体如下：

（1）推进常州经济高质量发展的政策建议，包括大力推进科技创新，筑牢创新长效动力机制；着力推进协调发展，健全均衡协同发展机制；加快绿色经济发展，坚持可持续发展道路；完善对外开放政策，构建开放新发展格局；优化社会共享环境，助力社会共建共享格局。

（2）推进常州生产性服务业企业高质量发展的政策建议，包括加快产业转型升级、重点实施创新驱动战略、不断提高企业运转效率、加强社会责任管理、合理选择发展模式、深化上下游企业分工协作、增强企业知识溢出。

（3）推进常州生产性服务业企业创新发展的政策建议，包括加强企业融资支持、推动数字化转型、引进高技能人才、加快科技成果转化、培养创新型企业文化、培育企业自主品牌、促进企业集聚发展。

第10章

生产性服务业集聚对绿色经济效率的影响研究

绿色经济效率（green economic efficiency，GEE）综合考虑经济增长、资源节约和环境成本，所得到的效率值在传统经济效率基础上综合了资源投入和环境损失值之后得到的"绿色"经济效率。发展绿色经济的关键在于提升GEE，也就是提升经济增长的质量。大量研究表明，产业转型升级是影响GEE的关键因素。改革开放四十多年来，以生产性服务业为核心的现代服务业保持良好的发展势头，2014年生产性服务业增加值占国内生产总值的比重超过了1/4，为新常态下经济健康发展做出了巨大贡献。

生产性服务业由于具有产业关联度高、跨界服务性强等特点而普遍存在集聚现象。从要素的集聚效应来看，生产性服务业集聚具有明显的空间外溢效应，不仅提高行业自身的生产率，还可以为产业综合发展创造良好环境。因此，本章重点就在于将空间效应引入生产性服务业集聚与GEE的分析框架中，探讨生产性服务业集聚对区域GEE提升的空间溢出效应及其有效作用方式，为地区制定生产性服务业发展政策、实现经济绿色发展提供理论借鉴。

与制造业相比，服务业具有较强的空间集聚效应，并通过技术进步对经济增长及其质量产生显著影响。当前多数关于服务业集聚的文献主要集中探讨服务业集聚的评价方法、理论机制以及影响因素等，少数文献是分析生产性服务业集聚对经济效率提升作用机制。总体上这些研究的结论主要分为两种：第一种结论认为生产性服务业集聚显著促进了经济效率提升。Eswaran 等认为生产性服务业集聚有助于改善投资环境、加快技术进步，并通过吸引高层次人才向该地区集聚，进一步促进劳动生产率提升和经济增长。Aslesen 等发现生产性服务业集聚有助于新技术的出现，进而有利于加快经济增长。Wood 指出生产性服务业集聚规模提升有助于技术扩散效率的提高。另外，我国学者也支持生产性服务业集聚对经济增长有促进作用的结论。张浩然基于面板门槛模型，证明高端生产性服务业集聚对城市经济效率具有促进作用，而低端生产性服务业集聚的影响不显著。惠炜等发现生产性服务业集聚能显著提升劳动生产率，但集聚效应存在明显的区域差异。第二种结论认为，生产性服务业集聚模式选择对经济效率的影响有显著差异。Marshall 认为同一产业内部的企业集聚与技术创新效率呈正相关关系，即专业化集聚带来的 MAR 外部性。Jacobs 认为越多样化的产业集聚环境，对技术创新效率越有利，即多样化集聚带来的 Jacobs 外部性。Rivera-Bratiz 强调城市服务部门的多样性可以带来更大的集聚经济。韩峰等从马歇尔、雅各布斯外部性及新经济地理的综合视角建立计量模型，证明生产性服务业空间集聚对经济增长有明显的技术溢出效应。

综上所述，国内外学者就生产性服务业集聚对经济增长及其效率的作用机制进行了系统性研究，但是仍存在一些不足之处：第一，大量文献侧重于生产性服务业集聚对经济增长影响的研究，缺乏有关生产性服务业集聚与 GEE 提升的研究；第二，尚未足够重视生产性服务业集聚的空间外溢效应，尤其是生产性服务业集聚对相邻地区 GEE 提升的溢出效应。为此，在已有研究的基础上，本章从空间计量经济学视角出发，利用空间面板模型对生产性服务业与 GEE 提升的关系进行实证研究。

10.1　研究设计

10.1.1　空间面板模型的形式

Anselin 最早进行空间计量模型的研究是基于截面数据，之后发现当样本单元之间存在空间依赖关系时，空间滞后项和空间误差项可以纳入空间面板模型中，即基于面板数据的空间滞后模型（SLM）和空间误差模型（SEM）。Lesage 等将空间滞后模型进行扩展，提出了空间 Durbin 模型（SDM），该模型既包含被解释变量的滞后项，又包含了解释变量的滞后项。

空间滞后模型（SLM）反映的是空间实质相关，如果在模型中加入由空间结构造成的影响，可以较好地控制空间效应所产生的影响。模型的基本形式如下：

$$y_{it} = \rho \sum_{j=1}^{N} w_{ij} y_{jt} + a + x_{it}\beta + \mu_i + \lambda_t + \varepsilon_{it} \tag{10-1}$$

式中：y_{it} 表示单元 i 在 t 时期的被解释变量（$i = 1, 2, \cdots, N$；$t = 1, 2, \cdots, T$）；x_{it} 为 $1 \times K$ 的解释变量；β 为相应的参数向量；$\sum_{j=1}^{N} w_{ij} y_{jt}$ 为被解释变量 y_{it} 与邻近空间单元被解释变量 y_{it} 之间的交互作用；w_{ij} 为根据样本空间单元特点设定的 $N \times N$ 维非负空间权重矩阵 W 的构成元素；ρ 为衡量被解释变量间空间交互作用大小的内生参数；ε_{it} 为随机误差项；μ_i 为空间特定效应；λ_t 为时间特定效应。

空间误差模型（SEM）反映的是空间总体相关和空间扰动相关，其数学表达式为：

$$y_{it} = a + x_{it}\beta + \mu_i + \lambda_t + \varphi_{it}, \quad \varphi_{it} = \delta \sum_{j=1}^{N} w_{ij}\varphi_{jt} + \varepsilon_{it} \tag{10-2}$$

式中：δ 为空间误差相关系数；$\sum_{j=1}^{N} w_{ij}\varphi_{jt}$ 为邻近单元 j 的误差项对单元 i 的空间交互作用；φ_{it} 为空间自相关误差项。

空间杜宾模型（SDM）既考虑被解释变量的空间相关性，又考虑解释变量的空间相关性，其数学表达式如下：

$$y_{it} = \rho \sum_{j=1}^{N} w_{ij} y_{jt} + a + x_{it}\beta + \gamma \sum_{j=1}^{N} w_{ij} x_{jt} + \mu_i + \lambda_t + \varepsilon_{it} \tag{10-3}$$

式中：x_{jt} 为 $1 \times K$ 维的空间滞后外生变量；γ 与 β 相似，均为 $K \times 1$ 维向量。需要强调的是，根据 OLS 模型，空间计量模型会受到三个方面的影响，即内生影响、外生影响和误差项影响。而直接效应就是内生变量对被解释变量的影响，间接效应就是外生变量对被解释变量的影响。为了对空间计量模型的回归系数进行合理解释，Lesage 等（2009）提出了空间回归模型偏微分方法，将解释变量对被解释变量的影响分为直接效应与间接效应，两者相加为总效应。

10.1.2　空间自相关检验

在采用空间计量方法时，研究者首先要对被解释变量的空间相关性进行检验。空间相关性检验方法主要分成两类：一类是包括空间误差自相关或空间误差移动平均的误差相关检验，如 LM-error、Robust LM-error；另一类是空间滞后相关检验，如 LM-lag、Robust LM-lag。目前最为常用的空间相关性检验方法之一是 Moran's I 统计量。Moran's I 统计量又可分为全局 Moran's I 统计量和局部 Moran's I 统计量，其中，全局 Moran's I 统计量用于考察研究对象的全局空间自相关性；局部 Moran's I 统计量则是厍于反映被考察对象的局部空间分布特征。

（1）全局 Moran's I 统计量。全局 Moran's I 统计量最早由 Moran 于 1948年提出，其表达式如下：

$$I = \frac{\sum_{i=1}^{n} \sum_{j=1}^{n} W_{ij}(Y_i - \bar{Y})(Y_j - \bar{Y})}{S^2 \sum_{i=1}^{n} \sum_{j=1}^{n} W_{ij}} \qquad (10-4)$$

式中：$S^2 = \frac{1}{n} \sum_{i=1}^{n} (Y_i - \bar{Y})^2$；$\bar{Y} = \frac{1}{n} \sum_{i=1}^{n} Y_i$；$n$ 表示地区的数量；Y_i 和 Y_j 分别表示第 i 个地区和第 j 个地区的观测值；W_{ij} 为空间权重矩阵，本章采用基本的邻接距离空间权重矩阵，即区域 i 与区域 j 存在共同的边界，则空间权重 $W_{ij} = 1$；若没有共同的边界，则 $W_{ij} = 0$。

Moran's I 统计量的取值一般在 [−1，1] 之间，大于 0 表示空间正相关，即高值与高值相邻、低值与低值相邻；小于 0 表示空间负相关，即高值与低值相邻。越接近于 1 表示空间单元之间的关系越密切，越接近于-1，表示空间单元间的差异越显著或分布越不集中，越接近于 0，则表明空间分布是随机的，不存在空间自相关。

（2）局部 Moran's I 统计量。局部 Moran's I 统计量被定义为：

$$I_i = \frac{(x_i - \bar{x})}{S^2} \sum_j W_{ij}(x_i - \bar{x}) \qquad (10-5)$$

式中：正的 I_i 表示区域 i 的高（低）值被周围的高（低）值所包围；负的 I_i 则表示区域 i 的高（低）值被周围的低（高）值所包围。

在测算出局部 Moran's I 统计量基础上，还可绘制 Moran 散点图进一步反映某一区域与相邻区域之间的扩散或极化作用。Moran 散点图中的第一、第三象限代表观测值的空间正相关性，第二、第四象限代表观测值的空间负相关性，并且第一象限代表了高值集聚（H-H），即观测值高的区域单元被高值区域所包围，在空间关联中体现出扩散效应；第二象限代表了低高值集聚（L-H），表明观测值低的区域单元被高值区域所包围，过渡特征明显；第三象限代表了低值集聚（L-L），表明观测值低的区域单元被低值区域所包围；第四象限代表了高低值集聚（H-L），表现为观测值高的区域单元被低值区域所包围，在空间关联上体现为极化效应。

10.1.3 变量及数据

（1）GEE 的测算。测算经济效率常用的方法包括随机前沿分析（SFA）和数据包络分析（DEA）。其中，SFA 方法必须提前设定生产函数和误差项的具体形式，可能造成估计结果出现偏差；传统 DEA 方法如 BCC、CCR 等多是径向或角度的，既没有充分考虑投入或产出的松弛性问题，也无法准确测算包含非期望产出时的效率值。为此，Tone 在此基础上提出了一种基于松弛变量（slacks-based measure，SBM）评价决策单元相对效率的方法。与传统 DEA 模型不同，SBM 模型直接将松弛变量引入目标函数中，不仅克服了投入产出的松弛性问题，而且解决了存在非期望产出的效率测算问题。为了进一步区分效率有效的决策单元，本章采用 Tone 提出的 Super SBM-DEA 模型测算 GEE。

设有 n 个 DMU，每个 DMU 均包含投入 m、期望产出 r_1 和非期望产出 r_2。向量形式分别表示为 $x \in R^m$，$y^d \in R^{r_1}$，$y^u \in R^{r_2}$。定义矩阵：

$$
\begin{aligned}
X &= [x_1, \cdots, x_n] \in R^{m \times n}, \\
Y^d &= [y_1^d, \cdots, y_n^d] \in R^{r_1 \times n} \\
Y^u &= [y_1^u, \cdots, y_n^u] \in R^{r_2 \times n}
\end{aligned}
\tag{10-6}
$$

SBM 模型表示如下：

$$
\min\rho = \frac{1 - \dfrac{1}{m}\sum_{i=1}^{m}(w_i^- / x_{ik})}{1 + \dfrac{1}{r_1 + r_2}\left(\sum_{s=1}^{r_1} w_s^d / y_{sk}^d + \sum_{q=1}^{r_2} w_q^u / y_{qk}^u\right)}
$$

$$
s.t. \quad x_{ik} = \sum_{j=1}^{n} x_{ij}\lambda_j + w_i^-
$$

$$
y_{sk}^d = \sum_{j=1}^{n} y_{sj}^d \lambda_j - w_s^d
$$

$$
y_{qk}^u = \sum_{j=1}^{n} y_{qj}^u \lambda_j + w_q^u
$$

$$
\lambda_j > 0 \quad j = 1, 2, \cdots, n
$$

$$
w_i^- \geqslant 0 \quad i = 1, 2, \cdots, m
$$

$$
w_s^d \geqslant 0 \quad s = 1, 2, \cdots, r_1
$$

$$
w_q^u \geqslant 0 \quad q = 1, 2, \cdots, r_2
\tag{10-7}
$$

式中：ρ 为被考察 DMU 的效率值，当且仅当 $\rho = 1$，即 $w^- = 0$，$w^d = 0$，$w^u = 0$ 时，DMU 为 DEA 有效；当 $\rho < 1$ 时，DMU 是 DEA 无效的，可通过调整投入量、期望产出和非期望产出来提升效率。如果设定 DMU 是效率有效的，则超效率 SBM 模型可表示如下：

$$\min\theta = \frac{\dfrac{1}{m}\sum\limits_{i=1}^{m}(\bar{x}/x_{ik})}{1+\dfrac{1}{r_1+r_2}\left(\sum\limits_{s=1}^{r_1}\overline{y^d}/y_{sk}^d+\sum\limits_{q=1}^{r_2}\overline{y^u}/y_{qk}^u\right)}$$

$$s.t. \quad \bar{x} \geqslant \sum_{j=1,\,j\neq k}^{n} x_{ij}\lambda_j$$

$$\overline{y^d} \leqslant \sum_{j=1,\,j\neq k}^{n} y_{sj}^d\lambda_j$$

$$\overline{y^u} \geqslant \sum_{j=1,\,j\neq k}^{n} y_{qj}^b\lambda_j$$

$$\lambda_j > 0 \quad j=1,\,2,\,\cdots,\,n \quad j\neq 0$$

$$\bar{x} \geqslant w_i^- \quad i=1,\,2,\,\cdots,\,m$$

$$\overline{y^d} \leqslant y_k^d \quad s=1,\,2,\,\cdots,\,r_1$$

$$\overline{y^u} \geqslant w_q^u \quad q=1,\,2,\,\cdots,\,r_2 \tag{10-8}$$

由于香港、澳门、台湾、西藏地区的统计数据缺失严重，本章以中国大陆境内的30个省、市、自治区作为生产决策单元，以2008~2016年省级年度数据为样本数据。

测算 GEE 需要利用四类指标：非资源投入（资本存量、劳动力）、资源投入（能源资源）、期望产出（地区生产总值）、非期望产出（工业"三废"排放量）。其中，资本存量采用永续盘存法计算，数据来源于《中国统计年鉴》。劳动力投入以年末各省市就业人数来衡量，数据来源于《中国人口和就业统计年鉴》。能源投入用各省市能源消费总量折算成标准煤来表示，数据来源于《中国能源统计年鉴》。地区生产总值折算成以2008年为基年的实际值，数据来源于《中国统计年鉴》。工业"三废"排放量采用污染综合指数作为非期望产出，数据来源于《中国环境统计年鉴》。

（2）解释变量。一是核心解释变量。生产性服务业集聚。针对生产性服务业，Howells 等从服务对象和包含的服务类型进行界定，认为生产性服务业是向其他公司提供服务的行业，如提供银行、金融、广告设计、市场研究等商务服务及法律、会计、研发等科学服务。Marshall 等认为生产性服务业是提供与个人支持、信息咨询、实物商品相关服务活动的服务业，包含研发、传媒、商品销售、设备维护与修理等。本章基于已有研究，将交通运输、仓储及邮电通信业，租赁和商务服务业，信息传输、计算机服务和软件业，金融业，房地产业，科学研究、技术服务和地质勘查业 6 个行业加总来代表生产性服务业。考虑到数据的可获得性以及数据的连贯性，本章基于于彬彬等的做法，运用 *RZ* 指数和 *RD* 指数分别表示生产性服务业专业化和多样化的集聚程度，具体计算方法为：

$$RZ_i = \max_j (S_{ji}/S_i) \tag{10-9}$$

$$RD_i = 1/\sum_j |S_{ji} - S_i| \tag{10-10}$$

式中：S_{ji} 为 i 省份中生产性服务行业 j 的就业人数占该省份就业人员总数的比重；S_i 为所有省份生产性服务行业 j 的就业人数占全国省份就业人员总数的比重。

二是控制变量。本章选取的控制变量如下。

①经济发展水平（EL）。经济的快速增长为环境污染治理、技术创新、研发经费提供物质基础。用人均 GDP 取对数来衡量经济发展水平。

②产业结构（IS）。通常第三产业比重越大，越有助于 GEE 的提升。用第三产业总产值占 GDP 的比重来表示产业结构。

③外商直接投资（FDI）。FDI 流入可能通过技术外溢提升当地的生产和治污水平，也可能是污染转移。用外商直接投资占 GDP 的比重来表示 FDI。

④污染治理投入（ENV）。环境污染治理投资是反映政府解决污染问题力度的重要指标，因此以地方财政环境保护支出占地方财政一般预算支出的比重来衡量各地区的污染治理力度。

⑤城市化水平（UR）。与农村相比，城市在提升资源利用效率和污染治理水平上往往具有技术优势，因而城市化水平提升可能对 GEE 产生一定影

响。用城镇人口占年末总人口的比重来衡量城市化水平。控制变量数据来源于各省市统计年鉴。

10.2 计量检验与结果分析

10.2.1 空间自相关检验

采用 Moran's I 测算方法对我国 GEE 的全局空间相关性进行检验，具体结果见表 10-1。

表 10-1 我国 GEE 的 Moran's I 空间自相关检验结果（2008~2016 年）

年份	2008	2009	2010	2011	2012
Moran's I	0.355 *** (3.546)	0.348 *** (3.495)	0.360 *** (3.612)	0.317 *** (3.230)	0.301 *** (3.073)
年份	2013	2014	2015	2016	
Moran's I	0.126 * (1.482)	0.113 * (1.365)	0.120 * (1.437)	0.270 *** (2.899)	

注 *** 、 * 分别表示在 1%、10%的水平下通过了显著性检验；括号内为 z 统计量。

可以看出，2008~2016 年我国 GEE 的全局 Moran's I 均大于 0，而且都通过了显著性检验，这说明中国各地区 GEE 之间具有显著的空间正相关关系，也就是说，我国省域 GEE 在空间上的分布并非处于完全随机的状态，而是呈现拥有相似效率水平的省份趋于空间集中的现象。为了进一步直观反映各省市局部空间相关性的类型及空间分布，图 10-1~图 10-4 分别给出了 2007 年、2010 年、2013 年、2016 年中国各省市 GEE 的局部 Moran 散点图。

以 2007 年作参照，2010 年、2013 年、2016 年分布在第一、第三象限的省份总数分别占总省份数的 86.7%、66.7%、83.3%，说明我国 GEE 的空间集聚呈现一定的波动，但波动幅度不大。通过比较各集聚象限中省份的变动发现：

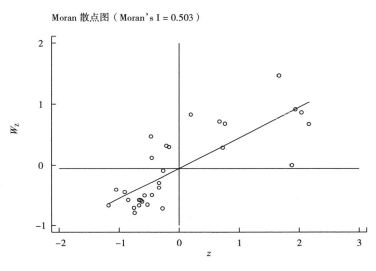

图 10-1　2007 年我国省域 GEE 的 Moran 散点图

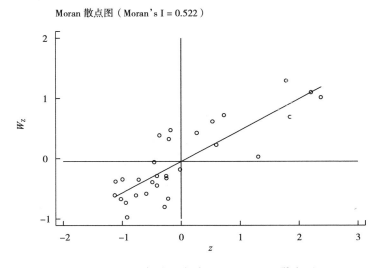

图 10-2　2010 年我国省域 GEE 的 Moran 散点图

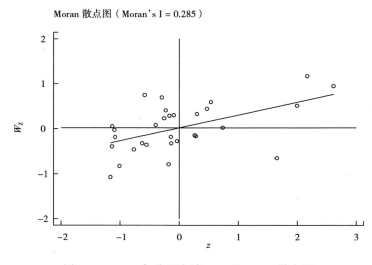

图 10-3　2013 年我国省域 GEE 的 Moran 散点图

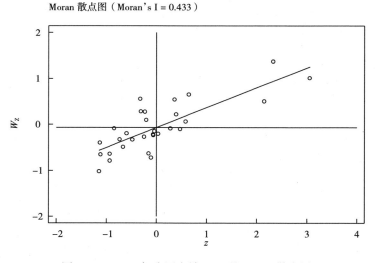

图 10-4　2016 年我国省域 GEE 的 Moran 散点图

（1）H-H 集聚区的省份主要集中在东部沿海地区，其中上海、天津、北京、江苏、福建、浙江、广东一直位于 H-H 集聚区，这是由于东部沿海省份在经济发展、技术水平、环境保护、能源利用等方面优势明显，GEE 不断提升，且形成显著的扩散效应，能够积极带动邻近地区的绿色经济发展。

（2）L-H 集聚区主要分布在中西部地区，且在空间分布上呈现一定的变动，2007 年为安徽、江西、河北、广西、湖南五个省市及自治区，到 2016 年仍然是 5 个，但具体为河北、江西、安徽、江西、海南、贵州，这些省份大多数与东部高 GEE 地区邻接，其被带动作用明显。其中，湖南由 L-H 集聚区跃迁到 H-H 集聚区，主要原因是受到东部地区在产业结构优化、生态环境保护与发展现代服务业过程中的辐射带动作用。

（3）L-L 集聚区主要为西部及中部资源大省，且该集聚区的省份没有明显的增减趋势，这些省份由于产业结构层次低下、能源利用率较低、技术相对落后等原因，样本期间一直表现出较低的 GEE。内蒙古、湖南等地近年来在产业结构调整、经济发展方式转变等方面加大力度，推动经济增长方式由粗放型向集约型转变，同时得益于东部 GEE 较高的省份的辐射带动作用，GEE 有不同程度的提升。贵州、云南、重庆、甘肃、四川、青海、湖北、河南等地则一直处于 L-L 集聚区，不难理解，这些省份在利用当地资源取得经济较快发展的同时，造成的资源消耗和环境代价也不容忽视，未来仍需进一步优化产业结构，协调好资源利用、环境保护和经济发展的关系。

（4）H-L 集聚区在 2007 年、2010 年、2016 年均没有省份，只有在 2013 年出现湖南、内蒙古、山东 3 个省份及自治区，其中，山东由 2013 年的 H-L 集聚区跃迁到 2016 年的 H-H 集聚区，这是由于山东作为东部经济发达省份，始终保持较高的 GEE 水平，并通过有效的区域合作机制，对邻近地区产生明显的辐射带动作用，逐渐呈现其邻接地区效率提升的现象。总体上我国区域 GEE 在空间分布上呈现明显的集聚特征，即 GEE 较高的省份主要分布在东部沿海地区，效率较低的省份集中在中西部地区。

10.2.2 全国层面的实证结果与讨论

首先，对时空均不固定、空间固定、时间固定、时间和空间固定四种形式下的无空间相互作用模型进行 LM 检验和 Robust LM 检验。根据表 10-2 可以看出，除时间固定形式下的空间误差效应没有通过 10% 的显著性 LM 检验外，其余形式下的空间滞后效应和空间误差效应均通过了 LM 检验与 Robust LM 检验。固定效应联合显著性的 LR 检验在 1% 显著性水平上均拒绝原假设，说明该模型空间和时间固定效应均显著存在，在选择空间和时间双固定效应模型下，模型的 LM 检验和 Robust LM 检验均被拒绝，说明空间滞后模型和空间误差模型应同时成立，因此需要进一步构建 SDM。

表 10-2 不同时空效应下 LM 检验结果

项目	时空均不固定	空间固定效应	时间固定效应	时空固定效应
LM 空间滞后检验	10.547***	12.583***	9.642***	10.640***
LM 空间误差检验	6.835***	8.632***	7.964***	9.260***
Robust LM 空间滞后检验	3.966**	6.382***	4.691**	5.247**
Robust LM 空间误差检验	4.254**	5.486**	0.267	5.389***

根据 SDM 的基本形式，得出生产性服务业集聚与 GEE 关系的实证检验模型为：

$$
\begin{aligned}
\text{GEE}_{it} = {} & \rho \sum_{j=1}^{30} w_{ij}\text{GEE}_{jt} + \beta_1 RZ_{it} + \beta_2 RD_{it} + \beta_3 EL_{it} + \\
& \beta_4 IS_{it} + \beta_5 \text{FDI}_{it} + \beta_6 \text{ENV}_{it} + \beta_7 UR_{it} + \\
& \gamma_1 \sum_{j=1}^{30} w_{ij} RZ_{jtit} + \gamma_2 \sum_{j=1}^{30} w_{ij} RD_{jtit} + \gamma_3 \sum_{j=1}^{30} w_{ij} EL_{jt} + \\
& \gamma_4 \sum_{j=1}^{30} w_{ij} IS_{jtit} + \gamma_5 \sum_{j=1}^{30} w_{ij} \text{FDI}_{jtit} + \\
& \gamma_6 \sum_{j=1}^{30} w_{ij} \text{ENV}_{jtit} + \gamma_7 \sum_{j=1}^{30} w_{ij} UR_{jt} + \\
& \mu_i + \lambda_t + \varepsilon_{it}
\end{aligned}
\tag{10-11}
$$

表 10-3 给出了 SDM 的估计结果，分别采用了空间和时间固定效应、空间和时间随机效应的估计方法。表 10-3 的底部列出了通过 Wald 检验来判断 SDM 是否可以简化为空间之后模型或者空间误差模型的检验结果，所有的结果均通过了显著性检验，再次验证了选取 SDM 进行模型参数估计的准确性。最后，对该模型进行 Hausman 检验表明，结果表明不能拒绝随机效应的原假设，因此采用随机效应的 SDM 更加有效。这可能是由于在空间单元相对较多的情况下，随机效应较固定效应能够有效地避免自由度的降低，回归结果见表 10-3 的第三列。

表 10-3　空间和时间效应并存的 SDM 估计结果

变量	空间和时间固定效应模型	空间和时间随机效应模型
RZ	−0.0154	−0.0647***
RD	0.0009	0.0015**
EL	0.0339	0.3094***
IS	0.9896***	0.1496***
FDI	−1.5456	−1.0629**
ENV	−0.0461	1.0681
UR	−1.5874	0.0863***
$W * RZ$	−0.1953***	−0.0198*
$W * RD$	0.0002	0.0013
$W * EL$	0.3852*	−0.5723***
$W * IS$	1.3266	0.8561***
$W * FDI$	1.7873	−0.4846
$W * ENV$	−2.8760*	−2.5717*
$W * UR$	3.0430***	2.8156***
ρ	0.1057**	0.2364**
R^2	0.4469	0.7399

续表

变量	空间和时间固定效应模型	空间和时间随机效应模型
对数似然值	278.0237	366.4403
Wald 空间滞后检验	9.5313***	12.5482***
Wald 空间误差检验	8.4115***	9.3284***

注 ***、*分别表示在1%、10%的水平下通过了显著性检验；括号内为 t 统计量。

可以看出，生产性服务业集聚对 GEE 提升产生显著影响，同时一个地区的 GEE 还会受到相邻地区生产性服务业不同集聚模型的影响。具体来说，生产性服务业专业化集聚对 GEE 的影响显著为负，而生产性服务业多样化集聚显著提升了 GEE。考虑到采用空间计量模型的点估计方法来检验空间变量是否存在溢出效应而得到的结果是有偏误的，本章将解释变量对被解释变量的影响按来源不同，采用求偏微分的方法将其系数估计值分解为直接效应和间接效应，计算结果见表 10-4。

表 10-4　空间效应分解

解释变量	直接效应	间接效应	总效应
RZ	−0.0682***	−0.0518*	−0.1200**
RD	0.0016**	0.0022	0.0038*
EL	0.2868***	−0.6315***	−0.3447***
IS	0.2006***	1.1008**	1.3014***
FDI	−1.0874**	−0.9057	−1.9931*
ENV	−0.9849	−2.8407	−1.8558
UR	−0.2366***	3.5615***	3.3249***

从表 10-4 可以看出，生产性服务业专业化集聚对 GEE 提升的直接效应显著为负，且其间接效应和总效应都显著为负。这说明生产性服务业集聚的 MAR 外部性对本地区和相邻地区 GEE 的提升均产生明显的抑制作用。这可能

是由于集聚区内相同类型的生产性服务业企业存在技术模仿和不良竞争，难以促进技术和知识溢出，从而对本地区的 GEE 造成负面影响。同时，特定区域生产性服务业的专业化集聚能够对邻近区域产生辐射带动作用，在一定程度上提升周边地区的专业化集聚水平，从而不利于其 GEE 的提升。根据生产性服务业多样化集聚的计算结果可知，其对 GEE 的直接效应显著为正。这意味着生产性服务业多样化集聚对本地区的 GEE 存在明显的促进作用，但没有显著促进相邻地区的 GEE 提升。生产性服务业的多样化集聚有助于加强不同产业部门间的技术溢出效应，为产业发展提供技术支撑和多样化服务，从而有效地降低运营成本、提高劳动生产率和经济增长质量。而多样化集聚对 GEE 的间接效应没有通过显著性检验，究其原因可能是样本期间我国区域生产性服务业多样化水平偏低，随着地理空间范围的扩大其溢出效应不再显著。

在控制变量方面，经济发展水平有助于促进本地区 GEE 的提升，但是经济发展水平具有显著的负向空间溢出效应，对其他地区 GEE 产生了不利影响。产业结构一方面有助于提升资源利用效率，在一定程度上缓解当地污染问题，另一方面通过产业梯度转移产生空间效应，对邻近地区产业结构优化产生积极的辐射作用。外商直接投资对本地区 GEE 产生显著的负向影响，可能的原因是，各地区在引进外商投资过程中处于产业链的底端，大量引入高污染、高能耗的外资企业，造成生态环境进一步恶化，阻碍 GEE 提升，但间接效应不显著。污染治理投入对本地区和相邻地区 GEE 的影响均不显著，反映出现阶段单纯依靠污染治理并不能从根本上提升 GEE。城市化水平对本地区 GEE 的影响显著为负，这说明城市化水平的提升在一定程度上提高居民生活水平，改善城市面貌，但是城市的建设和城市生活也严重破坏了生态环境。但城市化水平有助于提升相邻地区的 GEE，可能是由于城市化带来的市场需求加快相邻区域生产要素的集聚，在一定程度上促进相邻地区绿色经济发展。

10.2.3　区域层面的实证结果与讨论

由于我国生产性服务业发展的区域差异较大，本章分别对中国的东、中、西部地区进行 SDM 估计，考察不同地区生产性服务业集聚模式选择对 GEE 的空间溢出效应，回归结果见表 10-5。

表 10-5　东、中、西部地区的空间效应分解

区域	解释变量	直接效应	间接效应	总效应
东部	*RZ*	−0.0704 **	−0.3217 ***	−0.3922 ***
	RD	0.0016 *	−0.0013	0.0003 *
	EL	0.0209 *	−0.2583 ***	−0.2374 **
	IS	0.1605	0.7534	0.9139 *
	FDI	−2.1727 *	−1.2323	−3.4050
	ENV	2.8119 ***	−0.3786	2.4333
	UR	−1.4919 ***	2.8339 ***	1.3420
中部	*RZ*	0.0457 *	−0.0090 *	0.0367 *
	RD	0.0004	0.0018	0.0022
	EL	0.2458 ***	−0.0957	0.1501 **
	IS	0.4246 **	−0.0979	0.3267 *
	FDI	1.8197 *	−1.7083	0.1114
	ENV	0.6798	0.1783	0.8581
	UR	−1.0672 **	0.5594 *	−0.5077 *
西部	*RZ*	0.0280	0.0143	0.0423
	RD	0.0009	0.0010	0.0019
	EL	0.2584 *	−0.3636	−0.1053
	IS	0.2639	0.4621	0.7260
	FDI	−3.3699	8.0261 *	4.6562
	ENV	−0.7921	−5.0056 *	−5.7977 *
	UR	0.1259 *	1.0751	1.2010

从表 10-5 可以看出，生产性服务业集聚模式选择对 GEE 的空间效应在

三个区域的影响机理存在明显差异：东部地区的生产性服务业专业化集聚对 GEE 提升存在显著的负向空间溢出效应，而多样化集聚的空间溢出效应并不显著，同时生产性服务业专业化集聚会抑制本地区 GEE 的提升，多样化集聚则对本地区 GEE 提升有显著的促进作用；中部地区的生产性服务业专业化集聚对 GEE 的直接效应显著为负，其间接效应显著为正，而多样化集聚对 GEE 提升的直接效应和间接效应均为正，但都没有通过显著性检验；西部地区的生产性服务业集聚模式选择对 GEE 的直接效应和间接效应均不显著。这说明，东部地区生产性服务业集聚的 MAR 外部性能显著抑制本地区及周边地区的 GEE 提升，其 Jacobs 外部性能显著促进本地的 GEE 提升；中部地区的 GEE 提升较多地依靠生产性服务业集聚的 MAR 外部性；西部地区的生产性服务业集聚对 GEE 的影响不显著。可能的原因是，东部地区重视工业产业链的延伸和价值链的升级，并拥有专业化程度高且相对完善和成熟的产业部门，因而需要种类丰富、功能多样的生产性服务业与之相适应。生产性服务业在这些地区的多样化集聚有利于增强不同产业部门间的技术和知识溢出，降低了经济运行成本、提高了经济增长质量；中部地区通过充分挖掘和利用当地比较优势，努力发展与其资源要素和产业相适应的生产性服务业、实现专业化和规模化生产，从而有利于促进本地区的 GEE 提升；西部地区工业化进程相对缓慢，对生产性服务业的需求尚不明确。

10.3　研究结论与政策启示

10.3.1　研究结论

本章运用 SDM 实证检验了生产性服务业专业化集聚与多样化集聚对 GEE 的影响及空间溢出效应。研究表明：

（1）生产性服务业集聚的 MAR 外部性不仅显著抑制本地区的 GEE 提升，还对相邻地区存在明显的负向空间溢出效应，而生产性服务业集聚的 Jacobs

外部性仅有利于促进本地区的 GEE 提升。

（2）就东部地区而言，生产性服务业集聚的 MAR 外部性对 GEE 提升存在显著的抑制效应及负向空间溢出效应，其 Jacobs 外部性对 GEE 提升仅存在显著的区域内促进作用；就中部地区而言，生产性服务业集聚的 MAR 外部性对 GEE 提升的空间溢出效应显著为负，其 Jacobs 外部性对 GEE 提升的空间溢出效应不显著；就西部地区而言，生产性服务业集聚模式选择对 GEE 的直接效应及溢出效应均没有通过检验。

（3）从控制变量来看，经济发展水平、产业结构、外商直接投资、污染治理投入、城市化水平对 GEE 的直接效应及空间溢出效应各异，反过来作用于生产性服务业集聚对 GEE 的影响。

10.3.2 政策启示

基于以上研究结果，本章得到如下政策启示：

（1）鼓励生产性服务业的多元化发展，形成生产性服务业的多样化集聚，引导各生产性服务业企业间的合理竞争与合作，防止大规模的同质化集聚，以及由此产生的恶性竞争。

（2）各地区要选择合适的生产性服务业集聚模式并充分发挥集聚外部性对 GEE 提升的溢出效应。东部地区应发展多样化、高端化的生产性服务业，使之成为本地区及相邻地区 GEE 提升的主要动力；中西部地区应根据自身禀赋条件，建立与本地资源和需求相符合的生产服务体系，集中精力针对少数行业打造专业化集聚特征环境，并努力与周边地区形成独具特色、功能互补的合理空间布局。

（3）经济的发展是解决各省市绿色发展问题的关键，各地区在提高经济数量的同时，更要重视经济增长的质量；大力发展第三产业，并优化产业结构的空间布局；加强对引进外资的监管和考核力度，避免或减少污染的流入；完善环境保护的法律法规，提高污染处理技术、增强公众环保意识；加快推进新型城镇化进程，促进经济社会的可持续发展。

10.4　本章小结

　　本章采用 2008~2016 年中国 30 个省区的面板数据，利用 SDM 探究了生产性服务业集聚对 GEE 的影响作用。结果表明：我国省域 GEE 存在显著的空间正相关性；生产性服务业的专业化集聚不仅显著抑制本地区 GEE 的提升，还对相邻地区有明显的负向空间溢出效应，而生产性服务业的多样化集聚仅有利于本地区的 GEE 提升；生产性服务业集聚模式选择对东部地区 GEE 的影响效应与全国层面的实证分析基本一致，而中部地区 GEE 提升仅受益于生产性服务业的专业化集聚，西部地区 GEE 提升受生产性服务业集聚的影响不显著。

◆ 参考文献 ◆

[1] 唐晓斌，王亚男，唐孝文.中国省域经济高质量发展评价研究 [J].科研管理，2020，41（11）：44-55.

[2] 金碚.关于"高质量发展"的经济学研究 [J].中国工业经济，2018（4）：5-16.

[3] 夏杰长，肖宇，李诗林.中国服务业全要素生产率的再测算与影响因素分析 [J].学术月刊，2019，51（2）：34-43，56.

[4] 黄繁华，郭卫军.空间溢出视角下的生产性服务业集聚与长三角城市群经济增长效率 [J].统计研究，2020，37（7）：66-79.

[5] 任保平.中国经济高质量发展研究 [J].陕西师范大学学报（哲学社会科学版），2018，47（3）：104.

[6] 宋国恺.新时代高质量发展的社会学研究 [J].中国特色社会主义研究，2018（5）：60-68.

[7] 陈景华，陈姚，陈敏敏.中国经济高质量发展水平、区域差异及分布动态演进 [J].数量经济技术经济研究，2020（12）：108-126.

[8] 李金昌，史龙梅，徐蔼婷.高质量发展评价指标体系探讨 [J].统计研究，2019，36（1）：4-14.

[9] Mei L H, Chen Z. The convergence analysis of regional growth differences in China：the perspective of the of economic growth [J]. Journal of Service Science and Management, 2016, 9 (6)：453-476.

[10] 李平，付一夫，张艳芳.生产性服务业能成为中国经济高质量增长新动能吗 [J].中国工业经济，2017（12）：5-21.

[11] 刘帅.中国经济增长质量的地区差异与随机收敛 [J].数量经济技术经济研究，2019，36（9）：24-41.

［12］沈利生，王恒. 增加值率下降意味着什么［J］. 经济研究，2006（3）：59-66.

［13］沈利生. 中国经济增长质量与增加值率变动分析［J］. 吉林大学社会科学学报，2009，49（3）：126-134，160.

［14］张杰，刘元春，郑文平. 为什么出口会抑制中国企业增加值率？——基于政府行为的考察［J］. 管理世界，2013（6）：12-27，187.

［15］诸竹君，黄先海，余骁. 进口中间品质量、自主创新与企业出口国内增加值率［J］. 中国工业经济，2018（8）：116-134.

［16］向国成，邝劲松，邝嫦娥. 绿色发展促进共同富裕的内在机理与实现路径［J］. 郑州大学学报（哲学社会科学版），2018，51（6）：71-76.

［17］任阳军，汪传旭. 中国绿色经济效率的区域差异及空间溢出效应研究［J］. 生态经济，2018，34（2）：93-96.

［18］张军扩，侯永志，刘培林. 高质量发展的目标要求和战略路径［J］. 管理世界，2019，35（7）：1-7.

［19］刘思明，张世瑾，朱惠东. 国家创新驱动力测度及其经济高质量发展效应研究［J］. 数量经济技术经济研究，2019，36（4）：3-23.

［20］余泳泽，杨晓章，张少辉. 中国经济由高速增长向高质量发展的时空转换特征研究［J］. 数量经济技术经济研究，2019，36（6）：3-21.

［21］马茹，罗晖，王宏伟，等. 中国区域经济高质量发展评价指标体系及测度研究［J］. 中国软科学，2019（7）：60-67.

［22］刘亚雪，田成诗，程立燕. 世界经济高质量发展水平的测度及比较［J］. 经济学家，2020（5）：69-78.

［23］刘瑞，郭涛. 高质量发展指数的构建及应用——兼评东北经济高质量发展［J］. 东北大学学报（社会科学版），2020，22（1）：31-39.

［24］魏敏，李书昊. 新时代中国经济高质量发展水平的测度研究［J］. 数量经济技术经济研究，2018，35（11）：3-20.

［25］徐盈之，董皓月. 金融包容性、资本效率与经济高质量发展［J］. 宏观质

量研究，2019，7（2）：114-130.

[26] 师博，樊思聪. 中国省际经济高质量发展潜力测度及分析 [J]. 东南学术，2020（4）：169-179.

[27] 杜爱国. 中国经济高质量发展的制度逻辑与前景展望 [J]. 学习与实践，2018（7）：5-13.

[28] 杨志安，邱国庆. 财政分权与中国经济高质量发展关系——基于地区发展与民生指数视角 [J]. 财政研究，2019（8）：27-36.

[29] 廖祖君，王理. 城市蔓延与区域经济高质量发展——基于 DMSP/OLS 夜间灯光数据的研究 [J]. 财经科学，2019（6）：106-119.

[30] 李强，朱宝清. 投资水平与经济高质量发展：挤出效应真的存在吗？ [J]. 财经科学，2019（11）：39-53.

[31] 方敏，杨胜刚，周建军，等. 高质量发展背景下长江经济带产业集聚创新发展路径研究 [J]. 中国软科学，2019（5）：137-150.

[32] 冯俏彬. 我国经济高质量发展的五大特征与五大途径 [J]. 中国党政干部论坛，2018（1）：59-61.

[33] 甘天琦. 环境保护与经济高质量发展融合的机制、路径和政策体系研究 [J]. 华中师范大学学报（人文社会科学版），2019，58（2）：1.

[34] 陈昌兵. 新时代我国经济高质量发展动力转换研究 [J]. 上海经济研究，2018（5）：16-24，41.

[35] 钞小静，薛志欣. 以新经济推动中国经济高质量发展的机制与路径 [J]. 西北大学学报（哲学社会科学版），2020，50（1）：49-56.

[36] 魏敏，李书昊. 新时代中国经济高质量发展水平的测度研究 [J]. 数量经济技术经济研究，2018，35（11）：3-20.

[37] 辜胜阻，吴华君，吴沁沁，等. 创新驱动与核心技术突破是高质量发展的基石 [J]. 中国软科学，2018（10）：9-18.

[38] 吴婷，易明. 人才的资源匹配、技术效率与经济高质量发展 [J]. 科学学研究，2019，37（11）：1955-1963.

[39] 华坚，胡金昕. 中国区域科技创新与经济高质量发展耦合关系评价 [J].
科技进步与对策，2019，36（8）：19-27.

[40] 程必定. 中国省域高质量发展的区域经济布局思考 [J]. 区域经济评论，
2021（1）：30-37.

[41] 黄文，张羽瑶. 区域一体化战略影响了中国城市经济高质量发展
吗？——基于长江经济带城市群的实证考察 [J]. 产业经济研究，2019
（6）：14-26.

[42] 黄庆华，时培豪，胡江峰. 产业集聚与经济高质量发展：长江经济带107
个地级市例证 [J]. 改革，2020（1）：87-99.

[43] 李强，朱宝清. 投资水平与经济高质量发展：挤出效应真的存在吗 [J].
财经科学，2019（11）：39-53.

[44] 涂正革，陈立. 技术进步的方向与经济高质量发展——基于全要素生产
率和产业结构升级的视角 [J]. 中国地质大学学报（社会科学版），
2019，19（3）：119-135.

[45] 陈诗一，陈登科. 雾霾污染、政府治理与经济高质量发展 [J]. 经济研
究，2018，53（2）：20-34.

[46] 左其亭. 黄河流域生态保护和高质量发展研究框架 [J]. 人民黄河，
2019，41（11）：1-6，16.

[47] 王育宝，陆扬，王玮华. 经济高质量发展与生态环境保护协调耦合研究
新进展 [J]. 北京工业大学学报（社会科学版），2019，19（5）：84-94.

[48] 汪丽娟，吴福象，蒋欣娟. 双向FDI技术溢出能否助推经济高质量发展
[J]. 财经科学，2019（4）：64-79.

[49] 吴传清，邓明亮. 科技创新、对外开放与长江经济带高质量发展 [J]. 科
技进步与对策，2019，36（3）：33-41.

[50] 裴长洪，刘洪愧. 中国外贸高质量发展：基于习近平百年大变局重要论
断的思考 [J]. 经济研究，2020，55（5）：4-20

[51] 于法稳，黄鑫，岳会. 乡村旅游高质量发展：内涵特征、关键问题及对

策建议［J］. 中国农村经济，2020（8）：27-39.

［52］ 王惠君. 面向未来，创新发展——公共图书馆事业高质量发展思考［J/OL］. 图书馆论坛：1-9.

［53］ 孙文树. 体育强国：城市体育高质量发展的理论与实践——"落实十九届五中全会体育强国精神建言献策双向交流会"学术综述［J/OL］. 体育与科学，2021（1）：6-11.

［54］ 赵剑波，史丹，邓洲. 高质量发展的内涵研究［J］. 经济与管理研究，2019，40（11）：15-31.

［55］ 原毅军，刘浩，白楠. 中国生产性服务业全要素生产率测度——基于非参数 Malmquist 指数方法的研究［J］. 中国软科学，2009（1）：159-167.

［56］ 吴晓云. 我国各省区生产性服务业效率测度——基于 DEA 模型的实证分析［J］. 山西财经大学学报，2010，32（6）：72-77.

［57］ 黄莉芳，黄良文，洪琳琳. 基于随机前沿模型的中国生产性服务业技术效率测算及影响因素探讨［J］. 数量经济技术经济研究，2011，28（6）：120-132.

［58］ 杨曼璐. 大连市生产性服务业效率初探——基于 DEA 分析［J］. 资源开发与市场，2012，28（1）：41-44.

［59］ 李翠. 生产性服务业效率评价的 DEA 模型研究［D］. 成都：电子科技大学，2013：1-71.

［60］ 平新乔，安然，黄昕. 中国服务业的全要素生产率的决定及其对制造业的影响［J］. 学术研究，2017（3）：79-88，177-178.

［61］ Fukuyama H，Weber W L. Estimating output allocative efficiency and productivity change：application to Japanese banks［J］. 2002，137（1）：177-190.

［62］ Kummerow M，Lun J C. Information and communication technology in the real estate industry：productivity，industry structure and marker efficiency［J］. Telecommunications Policy，2005，29（2-3）：173-190.

［63］ Hamdan A，Rogers K J. Evaluating the efficiency of 3PL logistics operations

[J]. International Journal of Production Economics, 2008, 113 (1): 235-244.

[64] Liu S Y, Li C, Feng Y P, et al. Network structure and logistics efficiency: a new approach to analyze supply chain system [J]. Computer Aided Chemical Engineering, 2012, 30: 392-396.

[65] Zheng W J, Xu X H, Wang H W. Regional logistics efficiency and performance in China along the Belt and Road Initiative: The analysis of integrated DEA and hierarchical regression with carbon constraint [J]. Journal of Cleaner Production, 2020, 276 (6): 123649.

[66] Kotikov J, Kravchenko P. Assessment of combined transportation energy efficiency based on Bartini's LT-table entities [J]. Transportation Research Procedia, 2020, 302-309.

[67] Zhu Q Y, Li X C, Li F, et al. Energy and environmental efficiency of China's transportation sectors under the constraints of energy consumption and environmental pollutions [J]. Energy Economics, 2020, 89: 104817.

[68] 杨中宣, 杨洋洋. 基于区域和时间两个维度的我国金融业效率评价 [J]. 经济经纬, 2017, 34 (6): 147-151.

[69] 曹炳汝, 邓莉娟. 长江经济带物流业效率增长影响因素 [J]. 经济地理, 2019, 39 (7): 148-157.

[70] 卢美丽. 中国物流业效率提升是否有路径显现? ——基于省级数据的定性比较分析 [J]. 商业经济与管理, 2020 (7): 27-37.

[71] 田家林, 黄涛珍. DEA 和 TOBIT 模型的生产性服务业效率研究 [J]. 求索, 2010 (11): 11-13.

[72] 刘兴凯, 张诚. 中国服务业全要素生产率增长及其收敛分析 [J]. 数量经济技术经济研究, 2010, 27 (3): 55-67, 95.

[73] 陈艳莹, 黄嚣. 我国生产性服务业增长的效率特征——基于 2004-2009 年省际面板数据的研究 [J]. 工业技术经济, 2011, 30 (5): 42-49.

[74] 王美霞，樊秀峰，宋爽. 中国省会城市生产性服务业全要素生产率增长及收敛性分析 [J]. 当代经济科学，2013，35（4）：102-111，127-128.

[75] 陈艳莹，王二龙. 要素市场扭曲、双重抑制与中国生产性服务业全要素生产率：基于中介效应模型的实证研究 [J]. 南开经济研究，2013（5）：71-82.

[76] 袁丹，雷宏振，黄雯，等. 我国生产性服务业全要素生产率的异质性及收敛性分析 [J]. 软科学，2015，29（6）：24-27.

[77] 王文，孙早. 制造业需求与中国生产性服务业效率——经济发展水平的门槛效应 [J]. 财贸经济，2017，38（7）：136-155.

[78] 张丽伟. 中国经济高质量发展方略与制度建设 [D]. 北京：中共中央党校，2019.

[79] 卡马·耶夫. 经济增长的速度和质量 [M]. 武汉：湖北人民出版社，1983.

[80] 刘海英. 中国经济增长质量研究 [D]. 长春：吉林大学，2005.

[81] 杨伟民. 贯彻中央经济工作会议精神，推动经济高质量发展 [J]. 宏观经济管理，2018（2）：13-17.

[82] 干春晖，郑若谷，余典范. 中国产业结构变迁对经济增长和波动的影响 [J]. 经济研究，2011，46（5）：4-16，31.

[83] 朱孔来，李静静，乐菲菲. 中国城镇化进程与经济增长关系的实证研究 [J]. 统计研究，2011，28（9）：80-87.

[84] 张保伟，陆怡. 全域旅游时代下文化旅游产业链的创新培育路径——以常州西太湖地区为例 [J]. 江南大学学报（人文社会科学版），2018，17（5）：109-115.

[85] 黄孟蕃. 管理决策概论 [M]. 杭州：浙江教育出版社，1989.

[86] 林齐宁. 决策分析 [M]. 北京：北京邮电大学出版社，2003.

[87] 左菲菲. 合肥市新型城镇化发展水平测度研究 [D]. 合肥：合肥工业大学，2004.

[88] 李丹. 建筑工程绿色施工评价体系构建研究 [D]. 北京：北京交通大学，2015.

[89] 崔珩. 基于 AHP 层次分析法的成都市养老型社区外部公共空间适老性研究 [D]. 成都：西南交通大学，2016.

[90] 梁平常. 基于层次分析法（AHP）的重大事项社会稳定风险评估指标体系分析 [D]. 上海：华东政法大学，2016.

[91] 钱争鸣，刘晓晨. 中国绿色经济效率的区域差异与影响因素分析 [J]. 中国人口·资源与环境，2013，23（7）：104-109.

[92] 刘耀彬，袁华锡，王喆. 文化产业集聚对绿色经济效率的影响——基于动态面板模型的实证分析，2017，39（40）：747-755.

[93] 陈建军，陈国亮，黄洁. 新经济地理学视角下的生产性服务业集聚及其影响因素研究——来自中国 222 个城市的经验数据 [J]. 管理世界，2009（4）：83-95.

[94] Marshall A. Principles of economics [M]. London：Macmillan and Co. Ltd，1920.

[95] 李文秀，谭力文. 服务业集聚的二维评价模型及实证研究——以美国服务业为例 [J]. 中国工业经济，2008（4）：55-63.

[96] Eswaran M，Kotwal A. The role of service in the process of industrialization [J]. Journal of Development Economics，2002，68（2）：401-420.

[97] Aslesen H W，Isaksen A. New perspectives on knowledge-intensive services and innovation [J]. Human Geography，2007，89（1）：45-48.

[98] Wood P. Urban development and knowledge-intensive business services：too many unanswered questions? [J]. Growth and Change，2006，37（3）：335-361.

[99] 张浩然. 生产性服务业集聚与城市经济绩效——基于行业和地区异质性视角的分析 [J]. 财经研究，2015，41（5）：67-77.

[100] 惠炜，韩先锋. 生产性服务业集聚促进了地区芳动生产率吗？[J]. 数量

经济技术经济研究，2016（10）：37-56.

[101] Marshall J N, Damesick P, Wood P A. Understanding the location and role of producer services in the UK［J］. Environment & Planning, 1987, 19（5）：575-595.

[102] Jacobs J. The economy of cities［M］. New York：Vintage Books USA, 1969.

[103] Rivers-Batiz L. Increasing returns, monopolistic competition and agglomeration economies in consumption and production［J］. Regional Science and Urban Economics, 1988,（18）：125-153.

[104] 韩峰，王琢卓，阳立高. 生产性服务业集聚、空间技术溢出效应与经济增长［J］. 产业经济研究, 2014（2）：1-10.

[105] Anselin L, Bera A. Spatial dependence in linear regression models with an introduction to spatial econometrics［J］. Statistics Textbooks and Monographs, 1998, 155：237-290.

[106] LeSage J, Pace P K. Introduction to spatial econometrics［M］. New York：CRC Press, 2009.

[107] Elhorst J P. Spatial Econometrics：From cross-sectional data to spatial panels［M］. New York：Springer, 2014.

[108] Anselin L. Spatial econometrics：methods and models［M］. Kluwer：Springer, 1998.

[109] Tone K. A slacks-based measure of efficiency in Data Envelopment Analysis［J］. European Journal of Operational Research, 2001, 130：429-444.

[110] Tone K. Dealing with undesirable outputs in DEA：a slacks-based measure（SBM）approach［C］. Toronto：NAPW III, 2004：44-45.

[111] 单豪杰. 中国资本存量K的再估计：1952-2006年［J］. 数量经济技术经济研究, 2008,（10）：17-31.

[112] Howells J, Green A E. Location, technology and industrial organization in

UK services［J］. Progress in Planning，1986，26（2）：83-183.

［113］于彬彬，金刚. 中国城市结构调整与模式选择的空间溢出效应［J］. 中国工业经济，2014（2）：31-44.

后　记

本书是作者工作多年来研究的成果，也是综合了近三年来经济高质量发展、产业高质量发展以及企业高质量发展方面的最新研究成果。

随着我国经济步入高质量发展阶段，服务进出口进入增长快车道，服务贸易已成为推动我国消费增长和结构升级的重要力量。在中国由高速增长阶段转向高质量发展的背景下，常州生产性服务业发展也迎来了转型升级的新机遇。在"十三五"时期，常州立足产业基础，以构建产业生态圈、创新产业生态链为方向，通过"三抓三促"，不断提高生产性服务业整体功能、集聚效应和能级水平，促进生产性服务业的高质量发展。而实现常州生产性服务业的高质量发展对于提升常州经济实力和综合竞争力具有重要意义。因此，寻找提升常州生产性服务业高质量发展的空间，特别是从创新维度探究常州生产性服务业高质量发展的实现路径，已成为摆在我国政府面前的重要难题，也是社会科学研究工作者攻克的重大课题。

近年来，作者一直致力于绿色经济和产业高质量发展方面的研究工作，集中于绿色经济效率、经济高质量发展、生产性服务业高质量发展的测度研究。作者先后主持江苏省社科应用研究精品工程课题"江苏省生产性服务业集聚对绿色经济效率影响的实证研究"、常州市社会科学研究课题一般资助项目"常州绿色发展效率评价及提升对策研究""常州生产性服务企业高质量发展指标体系与测度研究"、江苏省高校自然科学研究面上项目"生产性服务业集聚对绿色经济效率的影响机理与实证研究"，在《系统工程》《技术经济》《技术经济与管理研究》等核心期刊先后发表《生产性服务业集聚、空间溢出与经济高质量发展》《生产性服务业集聚、制造业集聚对绿色创新效率的影响——基于中国城市面板数据的空间计量分析》《生产性服务业集聚对环境污染的空间溢出效应研究》《产业协同集聚对绿色全要素生产率的空间效应》等文章。基于上述发表的文章和研究课题，结合作者在工作中对于常州生产性服务业相关资料的梳理和总结，最终创作完成本书。

　　本书付梓之际，谨向在论文撰写、项目申报过程中给予作者指导和帮助的老师、同仁深表谢意。在此，感谢相关国内外学者在该领域的学术贡献！感谢出版社编辑老师为该书出版所付出的辛劳！感谢左武荣、徐龙志、钱华生、包忠明、黄亦薇、王娟、慈银萍、储开春、许留芳、江文、陶正、郭蕾、梁栋、李苗苗、范荣荣等对于作者的支持和帮助！也特别感谢河海大学田泽和刘超对本书给予的重要指导和帮助！

任阳军

2022 年 4 月于常州